Lazada
官方跨境电商运营全书

李文渊 李志超 张绿明 李博 等著

电子工业出版社
Publishing House of Electronics Industry
北京·BEIJING

内 容 简 介

Lazada 作为阿里巴巴重点投资并深度整合的海外跨境电商平台，已在东南亚市场深耕多年，建立了完整而强大的供应链和生态体系，成了中国商品进入东南亚各国的最佳平台之一。

本书集合了 11 位 Lazada 官方认证讲师和优质大卖家的运营心得。书中有大量的运营干货！内容务实，知识新鲜。相信本书一定会对商家的跨境电商事业有帮助！

未经许可，不得以任何方式复制或抄袭本书之部分或全部内容。
版权所有，侵权必究。

图书在版编目（CIP）数据

Lazada 官方跨境电商运营全书／李文渊等著．—北京：电子工业出版社，2021.1
ISBN 978-7-121-40211-1

Ⅰ．①L… Ⅱ．①李… Ⅲ．①电子商务—运营管理 Ⅳ．① F713.365.1

中国版本图书馆 CIP 数据核字（2020）第 251957 号

责任编辑：张彦红
印　　刷：北京虎彩文化传播有限公司
装　　订：北京虎彩文化传播有限公司
出版发行：电子工业出版社
　　　　　北京市海淀区万寿路 173 信箱　邮编：100036
开　　本：787×980　1/16　印张：13.5　字数：262 千字
版　　次：2021 年 1 月第 1 版
印　　次：2025 年 1 月第 8 次印刷
定　　价：89.00 元

凡所购买电子工业出版社图书有缺损问题，请向购买书店调换。若书店售缺，请与本社发行部联系，联系及邮购电话：（010）88254888，88258888。
质量投诉请发邮件至 zlts@phei.com.cn，盗版侵权举报请发邮件至 dbqq@phei.com.cn。
本书咨询联系方式：010-51260888-819，faq@phei.com.cn。

推荐序1

跨境电商掘金东南亚蓝海

人类社会正在快速进入数字经济时代。依托于互联网、云计算、大数据、区块链、人工智能等数字技术，基于数字平台的跨境电商，正在使国际贸易的主体、商品、流程和规则发生重大改变，帮助广大中小微企业参与到全球贸易中，让跨国贸易效率更优化、流程更便捷、发展更普惠。更为重要的是，跨境电商可以让跨越国境的生产、消费和服务实现无缝、精准对接，从而推动各国经济社会和各行各业的数字化转型升级。

当前，中国是跨境电商领域的创新者和领先者。基于中国巨大的消费市场、强大的制造能力、持续创新的商业模式和飞速发展的数字经济产业，一方面跨境电商正在帮助各国品牌和海外商品进入中国市场，满足中国消费者对美好生活的向往，另一方面，跨境电商正在助力中国品牌和优质商品快速进入全球市场。近年来，中国跨境电商出口增速远远超过一般外贸出口，并涌现出了一大批成功的中国跨境电商出口企业、大卖家和新品牌。

继中国市场之后，东南亚是当前全球发展最快、人口基数大且年轻化的重要电子商务市场。同时，东南亚大多数国家尚处于经济社会数字化转型的较早期阶段，是一个具有巨大增长潜力的蓝海市场。值得一提的是，东南亚国家与中国地域相邻、文化相通，双边经贸合作发展迅猛，以及中国-东盟自由贸易区的不断升级和区域全面经济伙伴关系协定（RCEP）的建设推进，都为中国商品通过跨境电商快速进入东南亚市场提供了难得的条件和机遇。

Lazada是阿里巴巴重点投资并深度整合的海外跨境电商平台，已在东南亚市场深耕多年，建立了完整而强大的供应链和伙伴生态，可以成为"中国制造"和中国商品进入东南亚各国的最佳平台和合作伙伴。《Lazada官方跨境电商运营全书》出版恰逢其时，内容翔实，可操作性强，可以帮助中国出口企业和广大卖家更好地了解和运营 Lazada 跨境电商平台，开发东南亚蓝海市场，并进一步实现企业自身的数字化转型、全球化布局和高质量发展。

欧阳澄
阿里研究院资深专家、阿里跨境电商研究中心主任

读者服务

微信扫码回复：40211

- 加入读者交流群，与更多读者互动
- 获取各种共享文档、线上直播、技术分享等免费资源
- 获取博文视点学院在线课程、电子书 20 元代金券

推荐序2

各位商家朋友，我看到大家选择 Lazada 作为拓展东南亚市场的合作伙伴，非常开心，希望能通过本书让大家对 Lazada 有更多的了解，帮助大家更好地进入东南亚市场。

东南亚是除中国、欧洲、美国之外的又一大市场，拥有 6.5 亿名消费者。东南亚也是全球互联网普及最快、人均上网时长最长、社交媒体最活跃、年轻消费者最多的区域之一。其年轻（20 岁到 49 岁）群体占比高达 45%，随着移动互联网的快速发展，整个东南亚互联网的渗透率达到 55%，电商销售额占零售总额的约 3%。东南亚消费者钟爱社交，迅速发展的社交媒体训练出消费者在线购物的习惯，30% 的社交媒体用户有过在线购物的行为。

东南亚各国的消费力有很大的差异，高收入国家新加坡的人均 GDP 高达 57 000 美元，而印度尼西亚、菲律宾和越南的消费力偏低，人均 GDP 在 4000 美元以下，但因其拥有庞大的人口基数，未来发展空间很大。

电商对消费者来说角色也在转变，已从单纯的购买平台转变为搜索、浏览和比对的平台。根据 GfK 消费者研究报告，超过 55% 的东南亚电商买家在下单之前会浏览，52% 的买家会比较价格。这意味着电商平台将成为多数消费者的商品资讯来源。品牌和消费者建立关联，形成线上与线下的互动，将会变得更加重要。比如，重新定义消费者在 App 内的体验，在线上打造与消费者和家人、朋友在线下购物时类似的互动场景。线上购物将越来越向社交方向发展，随着娱乐化消费策略的实行，Lazada 已经成为当地消费者的一个生活平台，我们会持续投入去提升平台体验，让天下没有难做的生意。

背靠阿里巴巴，Lazada 已建设起物流、支付及科技的商业基础设施，专注于提升运营效率，具备竞争者所不具备的独特的长远竞争优势。物流、支付及科技已成为 Lazada 的三大支柱。

物流：自创立之初，Lazada 就自建物流网络以支持电商发展。目前，Lazada 已经拥有规模较大的物流网络，在东南亚 17 个城市有超过 30 个仓储中心，80% 的订单由 Lazada 仓配体系实现交付，"最后一公里"网络覆盖率达 70%。此外，东南亚六国有 3000 多个自提点，方便消费者选择就近取包裹。不断升级的端对端物流能力给商家带来了便捷的体验。

支付：2018 年，Lazada 推出了电子钱包，背后是蚂蚁金服的技术赋能，利用大数据和机器学习严控支付风险，配合信用卡等其他支付方式，为消费者带来安全、便捷的支付体验。伴随着强大的物流网络的建设，Lazada 在东南亚首创了"货到付款"的现金支付方式。目前，Lazada 在东南亚有着最大的货到付款服务网络，这在东南亚金融服务仍不普及的情况下，为整个电商行业的发展奠定了基础。

科技：Project Voyager 于 2018 年第 1 季度全面升级，以阿里技术平台为依托，在东南亚电商中具备领先的技术能力，支持 Lazada 能够快速地进行业务创新，以 5 种语言每日处理搜索超过 1.5 亿次，推出了语音、图像搜索功能，人工智能 AI 客服等。目前，Lazada 在东南亚推行领先的"娱乐化消费"策略，以创新方式连接品牌和消费者，比如在东南亚首推阿里云技术支撑的直播，以及与用户互动的 LazGame，为商家带来显著流量和新用户。

Lazada 致力于为跨境商家提供一站式跨境物流解决方案，真正做到让卖家"跨境无忧"。阿里巴巴的技术基础设施和一流的物流系统，为 Lazada 商家和消费者带来优质的体验。商家可以把货直接送到深圳、义乌、香港等地集货仓，也可以选择我们在各国建立的海外仓，以及 eWTP 海外保税仓，我们会选择最快和效率最高的方式配送给当地消费者，一站式的服务让您全程无忧。

希望本书能让您更加有信心去拓展东南亚市场。我们的团队会竭尽所能完善我们的服务，优化商家体验，让阿里巴巴集团的使命"让天下没有难做的生意"通过 Lazada 在东南亚实现。

炜臣

Lazada 跨境总经理

目 录

第1章 东南亚市场介绍及潜力 ... 001
1.1 东南亚国家概况 ... 002
1.2 东南亚电商市场的政策优势 ... 002
1.2.1 国家相关政策的促进 ... 002
1.2.2 中国-东盟自由贸易区的推动 ... 002
1.3 东南亚电商市场前景广阔 ... 003
1.3.1 东南亚电商市场具有庞大的消费力 ... 003
1.3.2 东南亚地区互联网经济蓬勃发展 ... 003
1.3.3 东南亚电商市场正值上升期 ... 005
1.4 东南亚电商市场特点 ... 005
1.5 东南亚电商消费者购物习惯 ... 006
1.5.1 物美价廉的产品是东南亚客户最需要的 ... 006
1.5.2 移动端是越来越重要的流量来源 ... 006
1.5.3 付款方式多样化 ... 006
1.5.4 喜欢在工作时间购物 ... 007
1.5.5 多渠道购物，精打细算 ... 007
1.6 中国商家"抢滩"东南亚电商的现状 ... 007
1.7 Lazada平台知多少 ... 008
1.7.1 东南亚最大电商平台之一 ... 008
1.7.2 Lazada主要业务模式 ... 008
1.7.3 Lazada跨境客户的专属体验 ... 009
1.7.4 Lazada当前主要战略 ... 009
1.7.5 Lazada跨境重点类目推荐 ... 009

1.7.6　Lazada 的使命与挑战 011

第 2 章　东南亚六国电商的特点 013

2.1　马来西亚 014
　　2.1.1　马来西亚电商概况 014
2.2　印度尼西亚 016
2.3　新加坡 019
2.4　越南 020
2.5　菲律宾 022
2.6　泰国 023

第 3 章　东南亚市场选品思路 025

3.1　选品的思路和原则 026
3.2　站内选品技巧 027
3.3　站外选品技巧 034
3.4　国内进货网站选品技巧 036

第 4 章　店铺注册和平台规则 039

4.1　店铺注册 040
　　4.1.1　Lazada 入驻条件 040
　　4.1.2　Lazada 卖家费用 040
　　4.1.3　Lazada 入驻主要流程 041
4.2　平台规则 043
　　4.2.1　账户相关规则 043
　　4.2.2　内容规则 044
　　4.2.3　知识产权规则 045
　　4.2.4　禁限售规则 046

第 5 章　产品上传 047

5.1　单个产品上传流程 048
　　5.1.1　ASC 产品上传流程 048
　　5.1.2　GSP 产品上传流程 055
5.2　批量上传 058

  5.2.1 ASC 页面批量上传 058
  5.2.2 Lazada 产品批量上传注意事项 062
  5.2.3 GSP 页面批量上传 064

第 6 章　Lazada 物流介绍和定价技巧 065

 6.1 Lazada 物流介绍 066
  6.1.1 Lazada 跨境物流服务 066
  6.1.2 Lazada 跨境物流的优势 066
  6.1.3 Lazada 物流禁运政策 067
  6.1.4 Lazada 分拣中心 067
  6.1.5 Lazada 上门揽收服务 069
  6.1.6 产品包装和面单规范 069
  6.1.7 订单处理时效 072
  6.1.8 Lazada 逆向物流政策 072
 6.2 Lazada 定价技巧 074
  6.2.1 成本计算 074
  6.2.2 利润计算 075
  6.2.3 各国免税额 076
  6.2.4 不同的定价策略 076

第 7 章　客服指南 079

 7.1 Lazada 客服职责 080
  7.1.1 了解产品相关信息，熟悉店铺活动规则 080
  7.1.2 为客户解决售前问题 080
  7.1.3 为客户处理售后问题 080
  7.1.4 为客户及时处理店铺评论 081
  7.1.5 为客户处理订单其余事项 081
 7.2 Lazada 客服技巧 081
  7.2.1 聊天室的信息 081
  7.2.2 常见买家问题及应答技巧 082
  7.2.3 如何设置 Chat 084
  7.2.4 客服催评和差好评处理技巧 091
  7.2.5 小语种服务提升 092

第 8 章　视觉营销 093

8.1　什么是视觉营销 094
8.1.1　不仅仅是为了好看 094
8.1.2　视觉营销的作用 094
8.1.3　视觉营销的目的 094
8.1.4　视觉营销的一个转化路径 094
8.1.5　视觉营销案例（Lazada 平台） 096
8.2　店铺定位 097
8.2.1　人群定位 097
8.2.2　产品定位 098
8.2.3　价格定位 098
8.3　店铺结构首页设计 099
8.3.1　Lazada 流量来源 099
8.3.2　店铺结构设计 100
8.3.3　店铺首页设计 100
8.4　产品视觉营销 108
8.4.1　Lazada 商品结构规划 109
8.4.2　如何设计高点击率的 Lazada 产品主图 112
8.4.3　Lazada 高转化率的详情页如何设计 114
8.5　Lazada 营销活动策划 116

第 9 章　店铺营销 119

9.1　Chat（即时聊天） 120
9.1.1　Chat 自动回复设置 120
9.1.2　Chat 快捷回复 123
9.2　商品装修工具 126
9.2.1　Media Center（媒体中心） 126
9.2.2　Decorate Products（装修商品） 128
9.2.3　Lorikeet（产品详情页装修） 131
9.3　旺铺装修 133
9.4　Seller Picks（提高搜索排名的工具） 138
9.5　Flexi Combo（多件多折） 140
9.6　Seller Voucher（优惠券） 144

目 录

    9.7   Free Shipping（包邮）..148

    9.8   Bundles（捆绑）..151

    9.9   Sponsored Solutions（推广服务）...154

            9.9.1   Sponsored Search（搜索推广）...154

            9.9.2   Sponsored Affiliates（联盟推广）...158

第 10 章　数据分析...161

    10.1   生意参谋介绍..162

    10.2   详解生意参谋..163

            10.2.1   首页面板（Dashboard）..163

            10.2.2   流量（Traffic）面板...167

            10.2.3   商品（Product）页面...170

            10.2.4   促销（Promotion）页面..172

            10.2.5   服务（Service）页面..176

            10.2.6   常见问题页面..177

            10.2.7   手机端后台..178

    10.3   数据分析的运用..179

第 11 章　LazMall 和海外本地仓..183

    11.1   LazMall..184

            11.1.1   为何要进入 LazMall...184

            11.1.2   LazMall 需要什么保证...184

            11.1.3   LazMall 商家优势...185

    11.2   海外本地仓..186

第 12 章　站外推广营销...189

    12.1   如何通过 Facebook 找到精准优质流量..190

            12.1.1   为什么要通过 Facebook 引流..190

            12.1.2   Facebook 站外地位...190

            12.1.3   Facebook 如何与 Lazada 完美结合...191

    12.2   吸引客户的 Facebook 广告应该怎么做..192

            12.2.1   初始化..192

            12.2.2   入门级..192

XI

         12.2.3   基本功 192
12.3   为什么要通过 YouTube 引流 195
12.4   如何利用 YouTube 引流 196
         12.4.1   为你的业务创建 YouTube 频道 196
         12.4.2   通过优化 YouTube SEO 为店铺带来流量 198
12.5   如何找业内 YouTube 红人 200

第1章

东南亚市场介绍及潜力

1.1　东南亚国家概况

　　东南亚（Southeast Asia）位于亚洲东南部，包括中南半岛和马来群岛两大部分。中南半岛因位于中国以南而得名，南部的细长部分叫马来半岛。马来群岛散布在太平洋和印度洋之间的广阔海域，是世界最大的群岛，共有两万多个岛屿分属印度尼西亚、马来西亚、东帝汶、文莱和菲律宾等国。东南亚共有11个国家：越南、柬埔寨、老挝、泰国、马来西亚、缅甸、新加坡、菲律宾、印度尼西亚、文莱、东帝汶。其中电商发展得比较好的国家包括越南、泰国、马来西亚、新加坡、印度尼西亚、菲律宾。东南亚各国多数都有自己的语言，比如泰国人使用泰语，越南人使用越南语，马来西亚使用马来语，新加坡人使用的语言很丰富，包括汉语、马来语、泰米尔语和英语，菲律宾人使用他加禄语、英语，印度尼西亚人使用印度尼西亚语。近年来，东南亚国家发展迅速，同时中国与东南亚地区的政治、经济、教育和文化等方面的交流与合作越来越密切，越来越多的机构组织或者个人以不同形式走进了东南亚，但我们对它的了解还需更加深入，本章让我们一起来更多地了解东南亚，特别是它的经济状况、电商市场发展政策、电商市场及特点等。

1.2　东南亚电商市场的政策优势

1.2.1　国家相关政策的促进

　　近年来东南亚国家已发展成为中国贸易合作的主要区域之一。随着国家相关政策的不断推进，中国与东南亚及其周边国家的贸易合作取得了丰硕成果，贸易领域逐步拓宽，结构进一步优化，新增长点不断涌现，这为中国企业开拓海外市场创造了千载难逢的良机。

1.2.2　中国–东盟自由贸易区的推动

　　2020年是中国与东盟建立对话关系29周年。29年来，双方合作领域不断扩大，层次日益提升，特别是在2010年中国–东盟自由贸易区全面建成、2019年中国（广西）自由贸易区建立后，自贸区建设在共商、共建、共享原则的指引下，充分满足了中国与东盟各国的内在需求，将极大地推动中国与东盟之间的经济、贸易往来，促进中国与东盟各国之间的物资流动、资本流动和信息流动等，为推动东南亚电商市场的发展有着积极的作用。2020年中国与东盟之间的贸易往来更加密切，东盟已成为中国最大的贸易伙伴。

1.3　东南亚电商市场前景广阔

在各种利好的条件下，东南亚电商市场受到热捧，正以其一些显著的优势被众多卖家看成"下一颗闪耀新星"，电商发展速度快，未来市场前景广阔。

1.3.1　东南亚电商市场具有庞大的消费力

东南亚目前是全世界最具动感的地区之一，经济发展具备坚实基础，增长快速。东南亚全球GDP排名第四，仅次于美国、欧盟和中国。东南亚人口数量排名第三，仅次于中国和印度，同时人口结构年轻化，20—49岁人群占比高，其中印度尼西亚人口超过2.6亿人，拥有绝对的人口优势，是东南亚最有市场潜力的国家，另外，马来西亚、印度尼西亚、泰国、菲律宾也具有人口红利高、智能手机普及率高、人均上网时间长等特点，这些都是潜在的电商消费力的基础。此外，虽然东南亚地区发展速度快，但目前东南亚的电商销售额中在社会整体零售额的占比仍然很低，东南亚市场的消费力有多大不言而喻。据估计东南亚地区2025年市场零售规模将比2015年的约50亿美元高出20倍，超过1000亿美元，如图1-1所示。

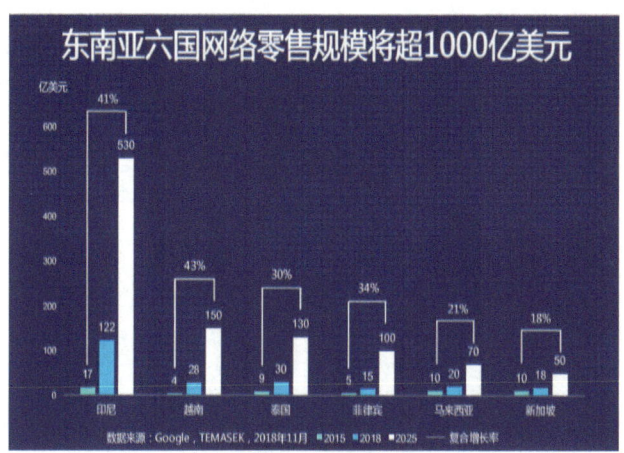

图 1-1　东南亚六国网络零售规模

1.3.2　东南亚地区互联网经济蓬勃发展

互联网经济具有共享、交互、公平、及时及跨越空间等特点，因此经济主体及模式之间的相互影响及联系也更为密切。在研究一个区域的电子商务市场时，了解其互联网经济发展情况将更有助于商家对电子商务市场空间进行较准确的判断。除了新加坡等少数国家，大多数东南亚国家目前的基础设施尚不完善，信息化水平不高，人均受教育水平相对落后，但这些国家正在经历一场移动互联网大变革。出行、移动支付、电子商务、在线媒体等新兴领域，正从各个方面影响着东南亚市场，本土的Sea、Lazada、Grab等互联网企业，从诞生之日起就一直保持跃进式的扩张步伐，并在这个不断增长的市场中扮演着领导者和变革者的角色，重新塑造了广大东南亚消费者的互联网认知观念与消费行为。

2019年由谷歌、淡马锡、贝恩咨询等公司联合发布的东南亚电子商务报告显示，东南亚现在是全球互联网经济发展最快的地区，同时东南亚国家的人均上网时长也是全球最长的，东南亚人平均每天花费3.6小时在移动互联网上，而且60%的互联网用户有在线购物行为，如图1-2所示。

预计2025年东南亚的电商市场规模将达到1530亿美元。与此同时，作为互联网经济重要组成部分的在线旅游、即时用车、在线视频服务等都在高速发展，这也给中国商家展现了更广阔的市场潜力。中国商家除了通过物物贸易进入东南亚市场外，还可以进一步挖掘跨境服务市场或通过在线媒体等其他互联网经济模式带动电子商务发展。

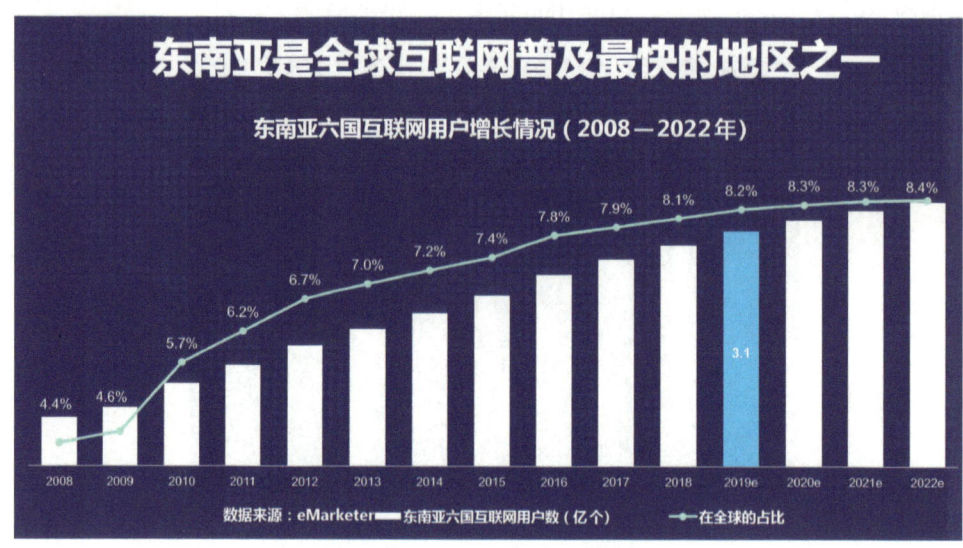

图1-2　东南亚是全球互联网普及最快的地区之一

从互联网经济增速及在国民生产总值中的占比维度对比，印尼和越南的互联网经济增速在区域中最快，中国商家可以重点关注，新加坡、马来西亚、泰国的增速较快，属于稳定发展市场，菲律宾的互联网经济虽然增速快于泰国，但在国民生产总值中的占比相对最小，说明该市场还待进一步开发，潜力很大。

1.3.3 东南亚电商市场正值上升期

潜力巨大的东南亚市场，吸引了众多电商巨头涌入，包括中国的阿里巴巴集团和腾讯公司，两者分别控股东南亚最大的两大电商平台：Lazada 和 Shopee，同时美国的电商巨头亚马逊也入驻了新加坡，东南亚电商市场的竞争将会更加激烈，电商巨头们你追我赶的过程也将促进东南亚电商市场的高速发展，而且目前东南亚人的购物并不完全依赖平台电商，所以独立站电商得到了发展的好机会，平台和独立站能够在东南亚地区共存，并都处于上升阶段。社交媒体的发展使电商更多地投资于社交媒体营销，无论是平台还是独立的站点都将社交媒体作为营销重点。

总的来说，目前大家都非常看好东南亚跨境电商市场，东南亚跨境电商市场正处于蓝海领域，现在正是跨境卖家们入驻的好时机！

1.4 东南亚电商市场特点

东南亚国家对全球第三方市场的开放让民众可以便捷地买到物美价廉的多样性产品。目前东南亚电商平台以 Lazada、Shopee、亚马逊新加坡站、eBay 等为主流平台，京东、天猫出海、网易工厂店等国内电商也在纷纷试水东南亚消费市场。中国跨境电商企业在东南亚以平台卖家为主，也有企业尝试独立站、社交媒体分销以及线上线下融合等不同形式。

东南亚国家促销活动丰富，在电商网络平台，促销活动层出不穷，其中一个原因就是为了吸引客户到 App 或者网站上购物，我们知道中国有"双11""双12"，美国有"黑色星期五"这样的大型活动，在东南亚，其实促销活动也非常丰富，除了"9.9"活动、"双11"活动、"双12"活动，网络上还经常有各种别的活动，据调查，东南亚民众在平台节假日活动中使用优惠券或者参与打折活动的人数要比过去 4 年多两倍。

建立稳定、快速的物流渠道是东南亚电商的一大挑战，各电商公司都在加快发货速度，提高物流速度，最近一两年东南亚国家物流建设也已经有显著进步，很多卖家在努力做到次日发货，还有些卖家在部分城市里在客户愿意支付额外费用的条件下可以做到当日发货。总体来说东南亚地区物流速度和服务比以前完善了很多。

正是由于各种技术的革新、条件的改善，东南亚地区消费者的网络购物行为发生了翻天覆地的变化，在过去，消费者更多地只在网络上购买一些大件产品，可是现在网络购物对他们来说已经是常态，东南亚地区日均 500 万个购物订单里的产品不再只是电视机、智能手机等，还包括了各种日用品、护肤品和个人护理产品等。

1.5 东南亚电商消费者购物习惯

东南亚各国的文化及区域特点各具特色，当地的消费者主要有哪些电商购物习惯呢？

根据 HKTDC（香港贸发局）研究数据，"具有便利性"是消费者在线购物的首要原因，73%的消费者称"可以随时随地购物"是其网上购物的主要动机。紧随其后，有69%的消费者表示"容易进行价格比较"是其购物考虑的主要因素，这反映出价格仍然是中等收入消费者的主要考虑因素。61%的消费者认为"在线购物，可以阅读已购买者对产品的评论"。58%的消费者表示他们在网上购物能够"寻找便宜的交易"。"有更多的产品种类"也被普遍认为是推动网上购物的决定性因素，超过一半（55%）的消费者认为在线购物网站"提供的产品种类多于传统商店"是其倾向于在网上购物的重要原因。

1.5.1 物美价廉的产品是东南亚客户最需要的

东南亚国家虽然近些年来经济发展形势良好，发展速度快，但经济综合水平和整体消费水平还有待提高，因此目前大多数消费者的消费水平还比较低下，他们更偏向于选择一些价格偏低的快速消费品，毕竟这样试错成本较低。同时东南亚消费者对尚在发展且欠成熟的电商行业表示担忧，如他们怕假货，怕丢件，担心服务差等。总而言之，东南亚客户最需求的是物美价廉的产品。

1.5.2 移动端是越来越重要的流量来源

东南亚各国大力投资建设网络基础设施，互联网渗透率攀升，移动电商在东南亚的崛起势不可当。有研究显示，2020年初，东南亚移动端流量占所有电商流量的70%以上。其中，移动流量占比最高的国家是印度尼西亚，高达87%。此外，东南亚人平均每天花费3.6小时使用移动互联网，这个数字是世界上最高的。因此如何在移动端花样迭出吸引消费者是获取消费者关注的关键。

1.5.3 付款方式多样化

由于东南亚地区（不包括新加坡）的信用卡渗透率较低，电商付款面临不少挑战，支付方案呈多样化。截止2018年，在越南和菲律宾，超过80%的电商公司提供货到付款服务。银行转账在印度尼西亚（94%）、越南（86%）和泰国（79%）很受欢迎。在泰国和越南，近 50% 的商家提供线下销售点。在越南（47%）和印度尼西亚（42%），分期付款非常受欢迎，并且越来越受欢迎。想进入东南亚电商市场的企业需对付款方式多了解和做好心理准备。

1.5.4　喜欢在工作时间购物

据数据统计，东南亚电商订单数量在上午 9 点到下午 5 点之间最多，这说明该地区的购物者很可能在工作时间购物。

1.5.5　多渠道购物，精打细算

在东南亚，独立站、社交媒体分销以及线上线下融合的多渠道购物决策正在深入渗透到当地生活中。比如，消费者对于价值较高，试错成本较高的产品，往往先进行在线搜索，然后进行线下比较，对比后再选择一种方式购物。同样都是在线上，消费者可选择的平台和形式也比较丰富，综合来说，消费者会选择对自己最有利的一种方式进行购物。

1.6　中国商家"抢滩"东南亚电商的现状

近几年来，中国跨境卖家们"抢滩"东南亚主要通过两个方面：一方面他们在东南亚电商板块大量投资，另一方面也在将自己的资本模式、平台模式、社群模式等嫁接、转移到东南亚。阿里集团于 2016 年控股 Lazada 并逐步融入其物流、支付、数据平台等体系，2018 年 3 月，阿里集团在对 Lazada 平台追加 20 亿美元投资后，实际控股已达 83%，同时阿里集团多次向印尼的主要电商平台 Tokopedia 进行投资。腾讯在 Shopee 的母公司 Sea 持股比例占 39%，京东除印尼、泰国等市场外，还在越南向主要电商平台 Tiki 公司投资。兰亭集势在 2018 年以 8555 万美元收购新加坡电商 ezbuy，更多的中国企业也以多种形式进入东南亚跨境电商领域。此外亚马逊和 Facebook 也在东南亚进行布局。实力卖家的入驻已使东南亚成为目前全球最火热的电商战场。东南亚电子商务已经被认为是该地区未来最有发展实力的领域之一。

1.7 Lazada平台知多少

1.7.1 东南亚最大电商平台之一

2012年，Lazada（中文名：来赞达）正式在东南亚成立，它采取自营模式，率先进入5大市场（泰国、马来西亚、印度尼西亚、菲律宾和越南），在东南亚首次引进"双11"，是东南亚第一家提供货到付款服务的电商公司。2013年Lazada推出"最后一公里"配送服务，上线Lazada移动端App，Tesco参与投资Lazada，2014年淡马锡向Lazada在越南开设的第一个自由仓库投资，同时开设第六个站点（新加坡站），全面提供FBL服务（Lazada内部配送服务）。2016年阿里巴巴向Lazada投资，在第二年增资并全面控股，将Lazada体系与阿里体系打通，在平台、产品及物流等方面对其进行了战略升级和赋能。2017年阿里巴巴追加投资收购新加坡电商RedMart，全面升级物流，利用阿里巴巴的技术底层和大中台，使Lazada前台的产品无须重复建设即可以更快速迭代，一方面方便消费者与卖家之间的互动，另一方面也可以非常快速地将优质的产品及运营方法拓展到其他市场，2018年"阿里能量"全面注入，发布了Lazada钱包。

目前Lazada正在利用新兴技术重新定义零售体验，利用大数据快速适应不断变化的需求和条件，将消费者与品牌联系起来，创造个性化的体验，同时其跨境业务增速迅猛，连续五年增长率超过100%，目前已成为拥有覆盖印度尼西亚、马来西亚、菲律宾、新加坡、泰国和越南六国6.4亿名消费者的东南亚最大的电子商务平台之一。

1.7.2 Lazada主要业务模式

Lazada主要的业务模式为Lazada Marketplace、LazMall和跨境电商。Lazada Marketplace于2013年在Lazada平台上推出，提供安全支付、客户服务支持、分销网络和营销分析等全套服务，旨在使卖家销售更多产品。Lazada Marketplace卖家目前可以销售健康与美容、时尚、家庭与生活、母婴、移动设备和家用电器等18种类别的产品。

LazMall推出于2018年8月，目前有7000多个领先的国际和本地品牌上线。LazMall致力于凭借值得信赖的产品、可靠的服务和质量保证为东盟零售业树立了新的标准。对于消费者，LazMall提供货品100%保真、15天无忧退货及次日达服务；对于品牌和卖家，LazMall则提供了定制化的新服务模式。

1.7.3 Lazada 跨境客户的专属体验

为帮助跨境卖家们顺利在 Lazada 平台上开展业务，Lazada 从入驻门槛到物流、支付等方面都给卖家们提供非常周到的服务，总结起来就是"5 个 1"：以 1 份合同即可进入东南亚 6 个市场（入驻审核最快 3 个工作日可以完成）；1 次内容上传即可同步到 Lazada 各国站点；以 1 份简单的 LGS 运费卡即可抵达东南亚 6 国市场，Lazada 具备末端配送体系和东南亚 6 国的仓储设施，190 个分拣中心，覆盖东南亚超过 70 个城市，Lazada 的目标是实现 72 小时内产品可直达消费者手中；以 1 个汇款解决方案即可解决收付款问题，为此 Lazada 在东南亚建立支付体系，推出 LazadaWallet，确保交易安全，并推广客户可以信赖的数字支付模式；1 个跨境新手学习平台，新手卖家们可通过在 Lazada 大学学习各种课程成长为优秀的商家。

1.7.4 Lazada 当前主要战略

第一，建立跨境品牌生态并改善客户体验。2020 年，Lazada 战略升级的核心战略是"全球选择"。这种模式鼓励高等级的商家积极参与。平台将重点关注商家的流量，并通过改善物流服务体验更好地服务商家。

第二，授权商家进行深度经营。Lazada 将建立完整的商家孵化周期跟踪流程，通过提供免费营销资源、卖方私有域工具，以及对免费流量权重等工具的授权，为商家提供培训指导和服务支持。

第三，扶持跨境商家品牌。Lazada 在 6 个国家中的每个国家都拥有含 300 家商店的跨境模型，商家进入了 LazMall，就会有与跨境模型相同的佣金结构。

第四，提升物流体验。Lazada 的订单将在 72 小时内进入菜鸟的干线物流系统，运向东南亚 6 个国家，这提升了东南亚买家的购物体验。

第五，增量产品系统升级。随着 Lazada 团队的不断完善和扩大，团队的核心工作放在降低卖家成本、优化物流和改善经营环境上。Lazada 还扩充了流量渠道，包括做市场推广、优化海外仓库模型和提升运输效率等。

1.7.5 Lazada 跨境重点类目推荐

东南亚由中南半岛和马来群岛组成，主要国家有新加坡、马来西亚、泰国、越南、菲律宾和印度尼西亚等，东南亚地区人口众多，给电商的发展提供了非常好的用户基础和发展环境。

2019 年东南亚电商平台的主要热卖品类包括：

第一大类：时尚类，时尚类产品包括女装、男装、配饰等。

第二大类：电子产品类，电子产品在东南亚国家很受年轻人的欢迎。

第三大类：家居生活类，约 15% 的电商订单属于家居生活品类，且客单价高于时尚品类，包括厨房用品、卧室用品和客厅用品。

第四大类：母婴类，其中更多的是服饰、玩具、辅食配件、轻巧便于出口的产品；

第五大类：美妆用品类，包括美妆工具以及各种护肤品。

第六大类：运动户外类，包括运动鞋服、户外装备、室内器材、骑行装备、滑板等。

不同国家畅销品类又稍有不同，Lazada 开展业务的东南亚六国的主要畅销品类如下：

新加坡

作为东南亚最富裕的国家，新加坡市场热销的品类为：时尚类、家居生活类、电子产品类，此外还有儿童用品及玩具类、运动户外类、汽车用品类。

马来西亚

马来西亚最受欢迎的产品品类为：时尚类、电子产品类、运动户外类、汽车用品类、儿童用品及玩具类、家居生活类等。

泰国

政府的数字化推动、熟悉互联网的消费者、活跃的社交媒体，这些因素正在推动泰国电子商务的发展，泰国的主要热销品类为：时尚类、电子产品类、美妆用品类、家居生活类、儿童用品及玩具类。

越南

越南目前电商基础还比较弱，但市场潜力大，因为它有 9600 万人口，越南的主要热销品类为：时尚类、运动户外类、汽车摩托用品类、电子产品类、家居生活类、健康美妆类等。

菲律宾

菲律宾网购群体主要购买的品类为：运动户外类、电子产品类、家居生活类、汽车用品类、时尚类、儿童用品及玩具类。

印度尼西亚

作为东南亚人口最多的国家，印度尼西亚的网购者最喜欢购买的产品品类为：电子产品类、运动户外类、儿童用品及玩具类、汽车用品类、家居生活类、时尚类。

以上六个国家是 Lazada 入驻的东南亚国家，常被称为"东南亚六国"。

1.7.6　Lazada 的使命与挑战

Lazada 的跨境业务以"将世界带到东南亚"并为东南亚品牌吸引国际消费者提供门户为使命，通过全球收藏频道，Lazada 提供了涵盖各种类别的产品，并力求通过优质的物流网络让客户可在下订单后的 7 天内拿到所购买的产品，Lazada 在前进的过程中也遇到很多挑战，包括物流基础设施不够发达、信用支付体系不健全、产品类目仍非常有限、互联网接入率较低等。Lazada 率先推出了仓储物流担保、货到付款服务，并引入国家品牌，推广移动 App，解决了多项重大挑战，为东南亚的消费者创造了优质的购物体验。

第2章
东南亚六国电商的特点

2.1 马来西亚

2.1.1 马来西亚电商概况

近几年，马来西亚的跨境电子商务发展越来越快，越来越多的马来西亚人正在加入互联网购物大军，Lazada 已经成为马来西亚用户最喜欢的购物网站之一，这几年中国有成千上万件包裹被寄到马来西亚消费者手中，所以，了解马来西亚市场及电商概况对于中国的跨境电子商务企业十分重要。

我国和马来西亚在经济、科技、文化等领域内的交流与合作也有了很大发展，马来西亚等东南亚国家在电子商务、人工智能、云计算等行业将迎来爆发式发展。

马来西亚的互联网经济起步较晚，但发展迅速。在马来西亚电子商务平台排行榜中，排在前几名的电商平台依次为：Lazada、Lelong、Carousell、Zalora、PrestoMall。

1. Lelong

Lazada 的竞争对手是 Lelong.my，其每月流量与 Lazada 相差不大。Lelong.my 是集 C2C 和 B2C 为一体的电商平台，如图 2-1 所示。Lelong 成立于 1998 年，前身是一家拍卖网站，随着互联网的发展后来成为一个电商平台。

图 2-1　Lelong 平台

2. Carousell

Carousell 前身是一个移动平台，随着互联网的发展成了一个购物网站。个人或

第2章 东南亚六国电商的特点

者企业都可以在这个平台上开店售卖产品[1]，如图 2-2 所示。Carousell 同时在新加坡、印度尼西亚、中国台湾、澳大利亚和中国香港设有电商平台。

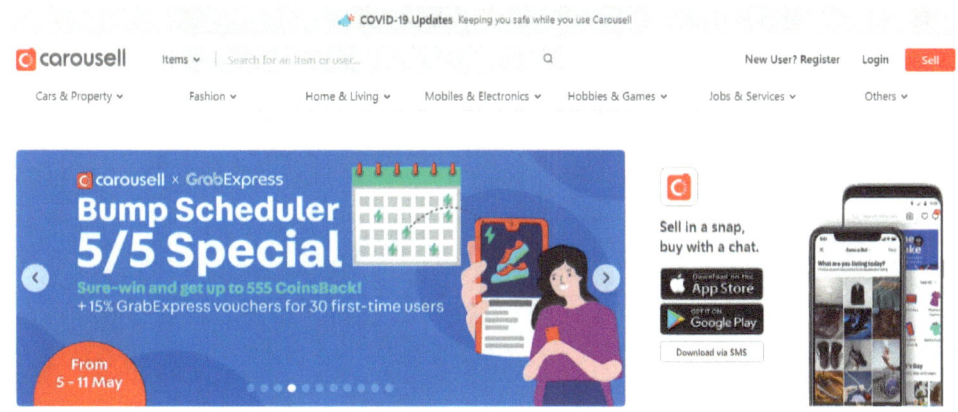

图 2-2　Carousell 平台

3. Zalora

Zalora 是东南亚市场中著名的时尚类电商平台，售卖的大部分是时尚品类，如图 2-3 所示。Zalora 成立于 2012 年，目前在新加坡、印度尼西亚、马来西亚、文莱、菲律宾、泰国、越南、中国香港设立站点，近些年在中国台湾也开设有站点。

图 2-3　Zalora 平台（马来西亚站）

1　本书涉及到的"产品"、"商品" 2 个名词意思相同，考虑到 Lazada 后台截图中两个名词也会同时出现，因此不做统一处理。

015

4．PrestoMall

PrestoMall 目前也是 Lazada 的竞争对手之一，它是一家类似于百货商场的电商平台，主要为零售卖家提供在线售卖服务，如图 2-4 所示。

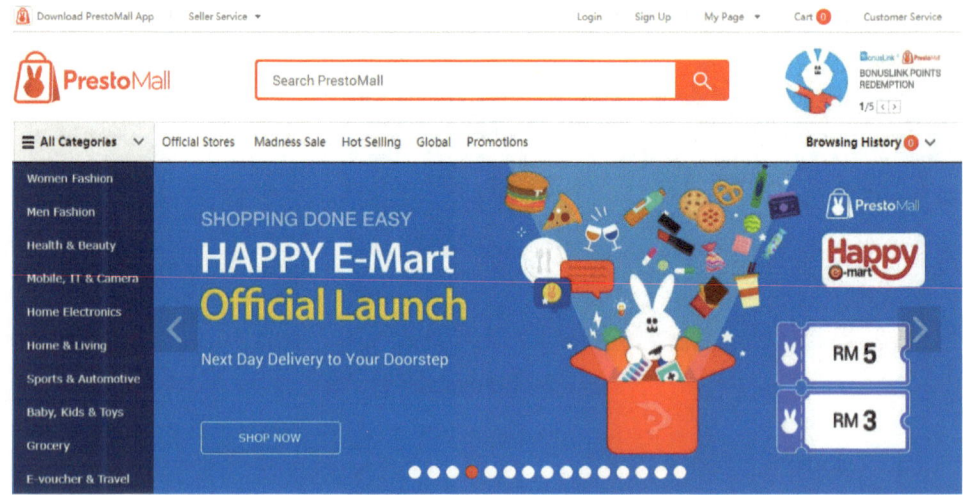

图 2-4　PrestoMall 平台

2.2　印度尼西亚

印度尼西亚共和国是东南亚国家，简称印尼，首都为雅加达。据 2019 年统计，印尼人口近 2.62 亿人，仅次于中国、印度、美国，居世界第四。印尼华人华侨总数有近 1000 万人。

印尼是东南亚国家联盟创立国之一，是东南亚最大经济体及 20 国集团成员国，电子商务对印尼经济的发展起了关键的作用。

在印度尼西亚电子商务平台排行榜中，除 Lazada 外，排在前几位的电商平台依次为：Tokopedia、Bukalapak、Blibli、Bhinneka。

1．Tokopedia

Tokopedia 是印度尼西亚最受欢迎的电商平台之一，和国内的淘宝一样能够让个人和企业注册"开设店铺"售卖产品，如图 2-5 所示。

第2章 东南亚六国电商的特点

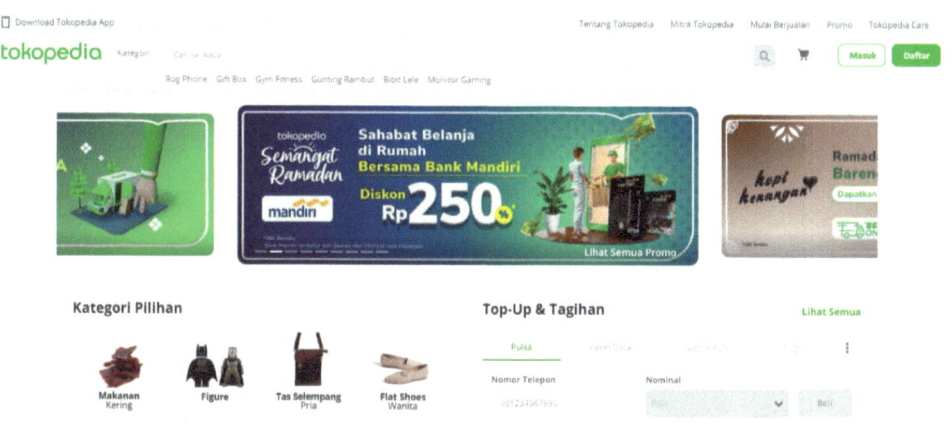

图 2-5 Tokopedia 平台

2. Bukalapak

Bukalapak 是印尼当地的一个电子商务平台，如图 2-6 所示。

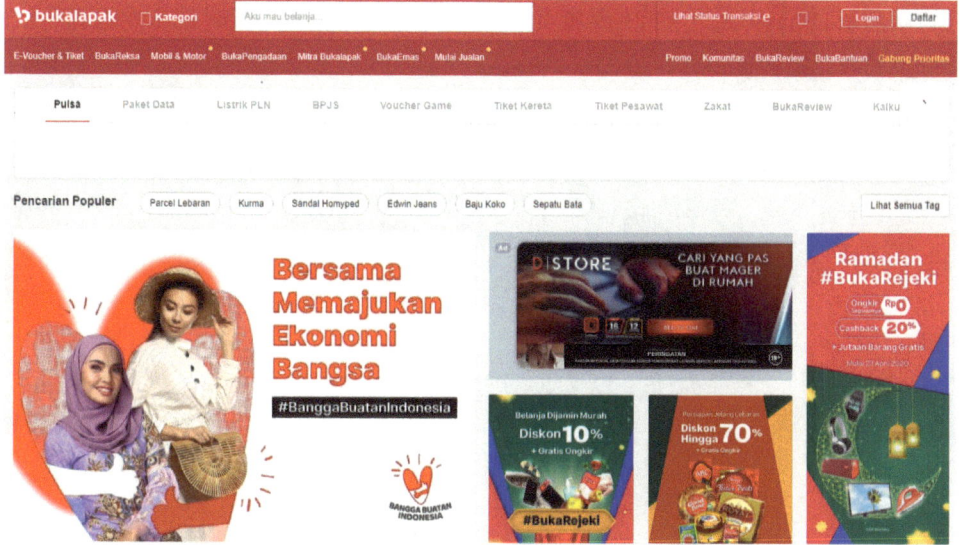

图 2-6 Bukalapak 平台

3. Blibli

Blibli 是印尼当地著名电商平台，如图 2-7 所示。它是一个网上综合购物平台，品类有电子产品类、时尚类、健康类、美容类等。

017

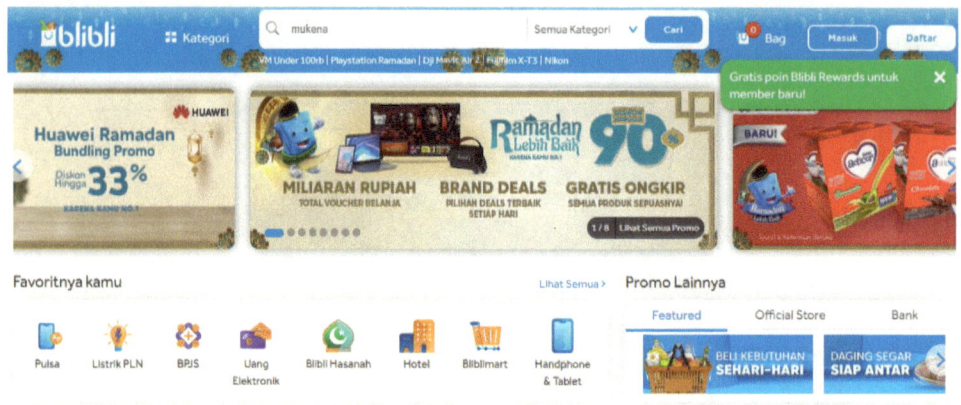

图 2-7　Blibli 平台

4．Bhinneka

Bhinneka 是一个成立比较早的电子商务平台，成立于 1993 年，在经历了经济危机后抓住互联网发展热潮，从最开始的线下实体店慢慢发展成线上的电商平台，如图 2-8 所示。Bhinneka 是一家主要售卖电子产品、家用电器、电器配件的专业电商平台。

图 2-8　Bhinneka

2.3 新加坡

新加坡近几年电子商务发展比较迅速，新加坡的线上商家以销售护肤品和化妆品为主，服装、体育用品、汽车用品也是市场上的重要类目。在新加坡市场上发展得比较好的电商平台有：Lazada、Qoo10、Carousell、ezbuy、eBay。

1. Qoo10

Qoo10 是一个以销售女性用品和时尚用品为主的电商平台，是新加坡主要的时尚电商平台，如图 2-9 所示。

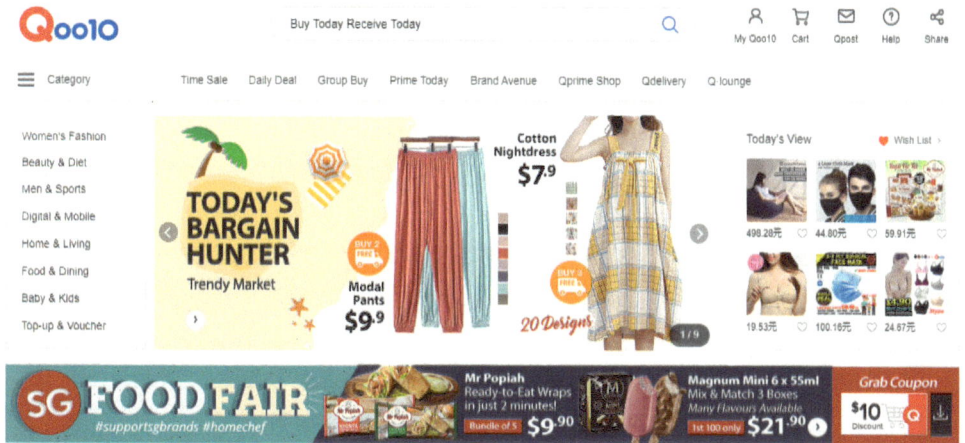

图 2-9　Qoo10 平台

2. ezbuy

ezbuy 平台以服装类目、美容类目、体育用品类目和电子类目产品销售为主，这些产品主要来自韩国、中国台湾和美国，如图 2-10 所示。这个平台的主要目标客户是中低端消费者，所以有大量便宜的产品。ezbuy 也在马来西亚、泰国和印度尼西亚设有站点。

图 2-10　ezbuy 平台

3．eBay

eBay 于 1995 创立于美国加利福尼亚州，在新加坡是非常受欢迎的一个电商平台，覆盖了大部分类目的产品，如图 2-11 所示。

图 2-11　eBay 平台

2.4　越南

越南位于东南亚的中南半岛东部，北与中国广西、云南接壤，西与老挝、柬埔寨交界，国土狭长。

越南人口众多，市场非常庞大。越南城市化发展非常迅速，互联网知识普及率较高。越南网民每天平均上网时间超过 3 小时。越南的地理位置优势，与中国相邻，物流快，效率高。越南轻工业发展比较落后，对小商品的需求很大。

近年来，中国与越南之间的顶层合作让中国企业在越南市场的全球竞争中占有相当大的优势。再加上越南与中国相邻的优越地理位置，也让中国企业的供应链优势很容易"嫁接"到越南。

据统计，越南的电子商务平台中，除 Lazada 之外，Tiki、Sendo、The Gioi Di Dong 等也非常受欢迎。

1. Tiki

Tiki 是越南继 Lazada 后的第二大电子商务交易平台，如图 2-12 所示。与 Lazada 不同，Tiki 是一家越南当地的电商平台。Tiki 在越南消费者心目中拥有良好口碑，在越南所有电子商务平台中，它的退货率最低，客户满意度最高。Tiki 目前不收取开店费用，但会根据不同类目征收相应的佣金，如跨境商家征收 4%（非电子产品）或 8%（电子产品）的佣金。

图 2-12　Tiki 平台

2. Sendo

Sendo 成立于 2012 年，目前拥有 30 多万名卖家，为越南全国 1000 万名左右的客户提供超过 29 个品类的电商产品，如图 2-13 所示。Sendo 不仅专注于一线城市，还专注于尚未开发的二线城市。Sendo 已推出 SenMall，类似于国内的天猫，SenMall 上发布的所有产品必须经过严格的审查，并且必须提供法律规定的相关许可证和文件。因此，当消费者在 SenMall 购买产品时，完全可以确信产品质量并享受良好服务体验。

图 2-13　Sendo 平台

3. The Gioi Di Dong

The Gioi Di Dong 成立于 2004 年，是当地最大手机零售品牌平台。除了在线电商平台以外，The Gioi Di Dong 还拥有多加家手机连锁店和多家大型消费电子产品商店。

2.5　菲律宾

近几年菲律宾电商行业的发展非常迅速。由于菲律宾的多个电商平台都允许跨境商家与跨境物流模式的存在，再加上目前菲律宾政府并未对 B2C 电商行业有严格的公司设立要求与监管，所以菲律宾跨境电商市场对大多数国外跨境电商公司有很大的吸引力。据统计，菲律宾目前的几大电商平台有：Lazada、MetroDeal、Zalora、eBay、Globe Online Shop。

1. MetroDeal

MetroDeal 是一个专注于餐饮、休闲、购物和旅游优惠信息的电子商务网站。MetroDeal 最早在菲律宾发展业务，之后扩展至印度尼西亚和泰国等，如图 2-14 所示。

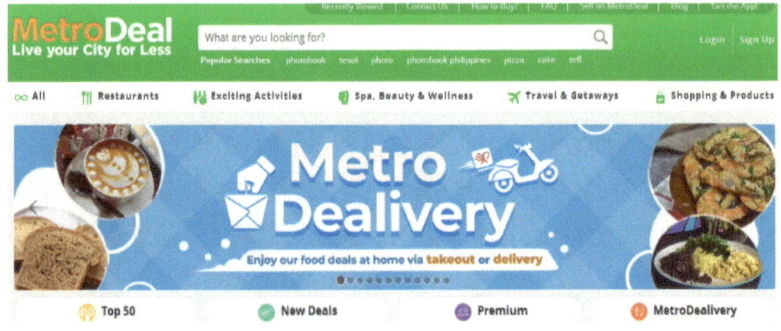

图 2-14　MetroDeal 平台

2. Globe Online Shop

Globe Online Shop 是一个移动电商平台,主要销售世界领先品牌的最新电子产品,如图 2-15 所示。

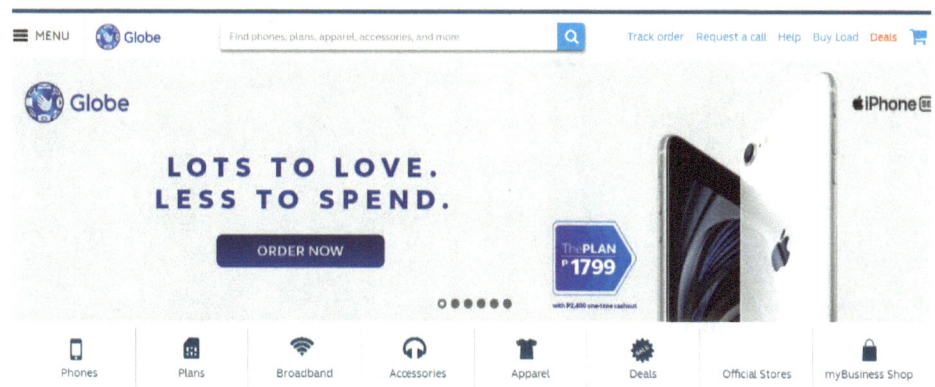

图 2-15　Globe Online Shop 平台

2.6　泰国

泰国位于中南半岛中部,是东南亚国家联盟成员国和创始国之一,据统计,泰国电商市场规模目前在东南亚名列前茅,泰国电商的迅猛发展很大程度上得益于当地政府的支持。随着互联网的发展,泰国的年轻人对于日常用品的购买方式也受到了影响,线上购物成为了他们的首选,这是发展跨境电商的良好基础。

以下是目前泰国发展较好的电子商务平台:Lazada、WeloveShopping、Tarad、Zalora。

1. WeloveShopping

WeloveShopping 是泰国当地的一个电子商务平台,也是发展得比较早的电子商务平台,如图 2-16 所示。

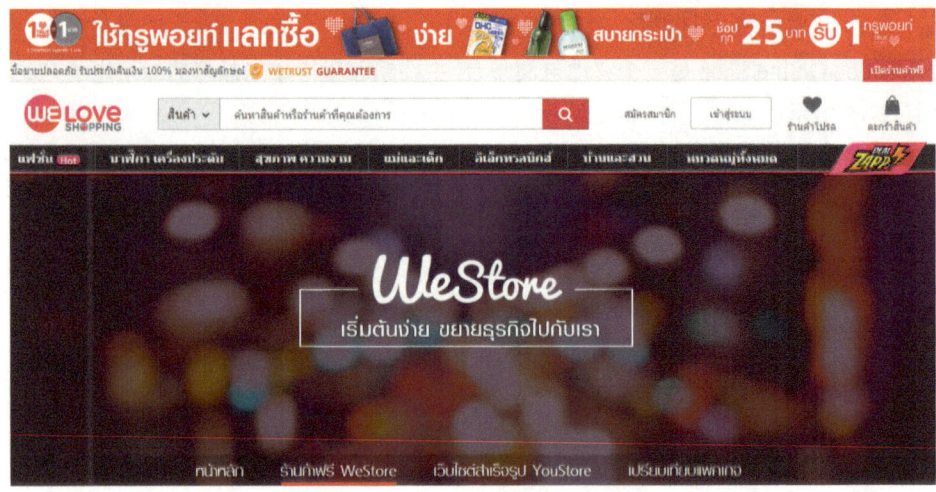

图 2-16　WeloveShopping 平台

2．Tarad

Tarad 是泰国当地的一个电子商务平台，如图 2-17 所示。平台主要销售的产品类目包括时尚、服装、化妆品、珠宝、数码相机、手机、电脑、汽车等。

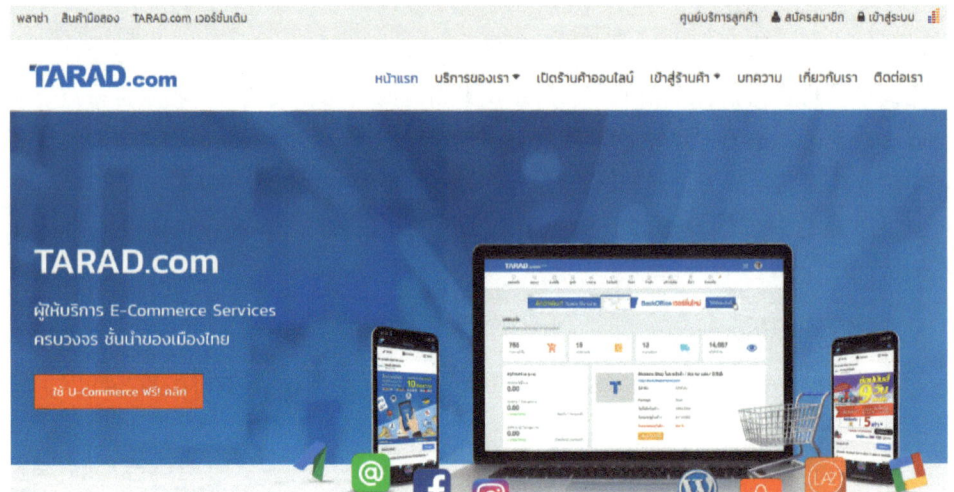

图 2-17　Tarad 平台

第3章

东南亚市场选品思路

3.1 选品的思路和原则

所谓"选品",就是选择合适的产品并且上传到自己的店铺中。在跨境电商圈内,一直流行着一句话:"跨境电商成功,七分靠选品,三分靠运营!"这句话准确地概括了选品在跨境电商中的重要作用。大家都知道,一座大厦的高度往往是由地基的深度所决定的,那么选品就是跨境电商事业的"地基",它将决定跨境电商事业的"高度"!

那么跨境电商的选品有哪些思路,要遵循哪些原则呢?笔者根据以往运营经验总结出以下几个思路和原则,概括为:一个中心,两项杜绝,六条原则。

1. 一个中心

以 Lazada 平台大数据为中心,以平台的前台展示效果和后台的真实数据为标准去指导选品工作。比如,我们要想了解当下 Lazada 平台上的爆款和主流趋势,就可以先到前台搜索相应的关键词,找出销量较高的产品,然后去分析这些产品共同的元素和特点。这些元素和特点就可以加入我们的产品开发中,也可以通过这些元素和特点去挑选接下来即将上架的产品。

2. 两项杜绝

杜绝"以我为主"和"淘宝热销"思维。"以我为主"思维是站在卖家自身的角度进行选品,很多卖家因为长期沉浸在自己的视野范围内,对自己的产品往往产生先入为主的喜欢,但是自己喜欢的产品不一定就是买家喜欢的产品。"淘宝热销"思维是指很多卖家觉得淘宝上热卖的产品在 Lazada 就一定能热卖,将它们直接上传到 Lazada 平台。殊不知我们所从事的是跨境电商销售,在中国热卖的产品并不一定能在东南亚消费者中热卖。

3. 六条原则

(1)人无我有

"人无我有"考虑的是产品的稀缺性。我们可以找到一些细分蓝海类目,或者 Lazada 平台少有甚至没有,但是又有一定市场需求的产品。当我们把这些产品上传到自己的店铺后,它们自然可以获得足够的曝光和流量。

(2)人有我优

"人有我优"考虑是产品的质量。如果不能找到蓝海类目或者因供应链限制只能在同质化产品中竞争的时候,就要从质量方面比同行做得更好。同样的价格拼质量,当买家以同样的价格买到不同店铺的同类产品之后,产品质量的优劣往往决定了回购率的高低。特别对于一些代购或者小额批发买家,如果商家可以在产品质量上胜出,就可以留住这些优质的买家,从而提升店铺的销售额。

(3) 人优我新

"人优我新"考虑的是产品的设计。商家可以把平台上现有的一些老的热卖款与时下流行的元素相结合,通过"微创新"的形式打造新热卖款。

(4) 人新我快

"人新我快"考虑的是产品开发速度和订单发货速度。设计团队是否可以比同行以更快的速度完成产品的开发设计?当大家都有了一定量的订单的时候,自己是否可以比同行更快地把包裹寄达分拣中心?"天下武功,唯快不破",如果商家有这种追求速度的武侠精神,那么跨境电商之路也会起步得更快更稳。

(5) 人快我廉

"人快我廉"考虑的是产品的价格。"同样的质量比价格",近年来跨境电商迅速崛起的原因之一就是电商产品"性价比"高,这就要求商家在保证质量的前提下,尽可能地去降低成本,因为降低一美元的成本就能获得一百美分的利润。

(6) 人廉我转

"人廉我转"考虑的是产品类目和款式。当某一款商品的所有商家都把上述选品原则用了一遍之后,此商品就进入红海竞争的阶段。商家想继续在这个领域竞争,就会"事倍功半"。这个时候要做的就是尽量避免进入这个类目,避免经营这款产品;如果已经在这个类目经营了一段时间,发现利润持续降低或者开始没有利润了,就要转移阵地去发现新的蓝海类目和蓝海产品。

了解了上述选品思路和原则之后,就要开始真刀真枪地选品了。选品方法可以概括为以下三种:站内选品、站外选品和国内进货网站选品。

3.2 站内选品技巧

所谓站内选品是指我们遵循上文所讲的选品思路和原则,在 Lazada 平台内部,从它的前台和后台的数据以及商品界面出发所进行的选品。

站内选品可以从以下几个方面来进行。

1、热销品分析选品

热销品分析选品要从 Lazada 的前台页面来进行,可以以前台页面的几个维度为参考,选出自己要上架售卖的产品,它们分别是关键词搜索、类目搜索、热门活动。

(1) 在关键词搜索中,我们可以输入自己所经营类目产品的相关关键词(最好输入能够准确描述这个产品的长尾词,比如 women running pants),点击搜索按钮之后,搜索界面会展示目前 Lazada 平台在这个关键词下面所有的产品,如图 3-1 所示。

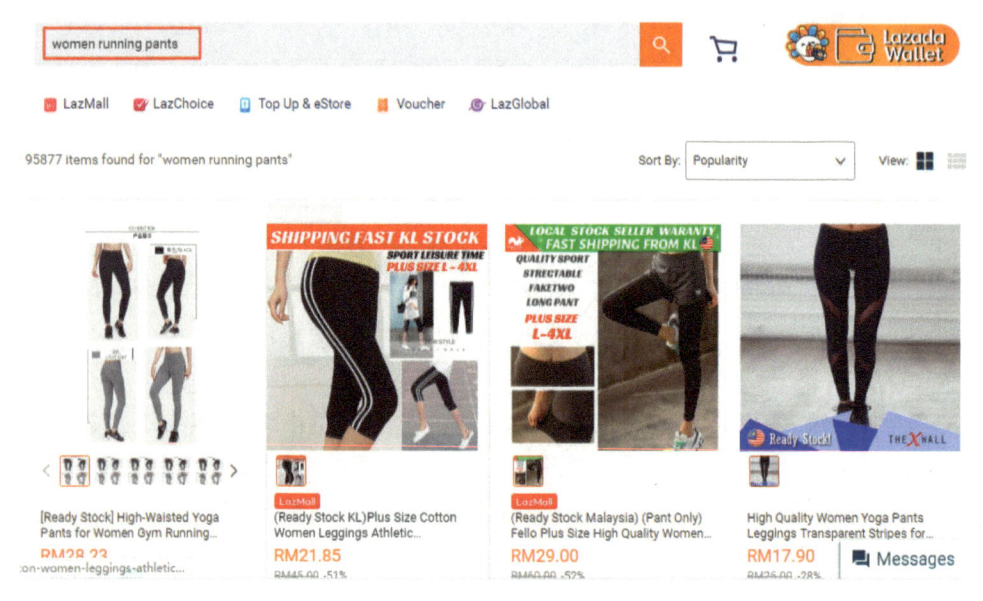

图 3-1　关键词搜索

在这个搜索界面，可以按照"人气""价格降序"和"价格升序"三个维度来对产品进行排序。商家可以先通过"人气"（Popularity）排序了解目前此类商品最受欢迎的几款单品，并且在其中挑选 5—10 款自己可以售卖的款式。接下来要集中精力对这 5—10 款产品进行"人有我优""人优我新""人新我快"和"人快我廉"的比较：可以从质量（或者材质）维度比较自己的产品是否比它们更好，可以从创新维度看看这款产品是否可以融入时下最流行的元素做微创新，可以从价格维度比较自己的产品是否比它们价格更低。如果发现其中任何一个维度自己有优势，就可以尽快开发出此类产品，并且尽早上架。

在比较单品价格的时候，商家可以按照"价格升序"（Price low to high）来进行排序，并且找到之前选取的 5—10 款产品进行比较，如图 3-2 所示。

第3章 东南亚市场选品思路

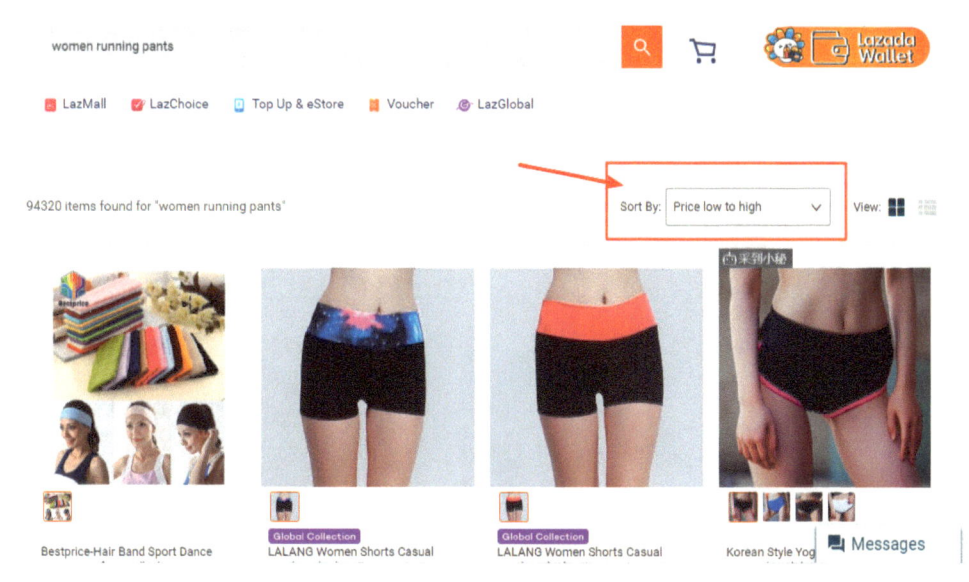

图 3-2 价格升序

（2）在类目搜索中，我们可以从一级类目开始一直查找到跟自己所销售的产品最相关的子类目，如图 3-3 所示。

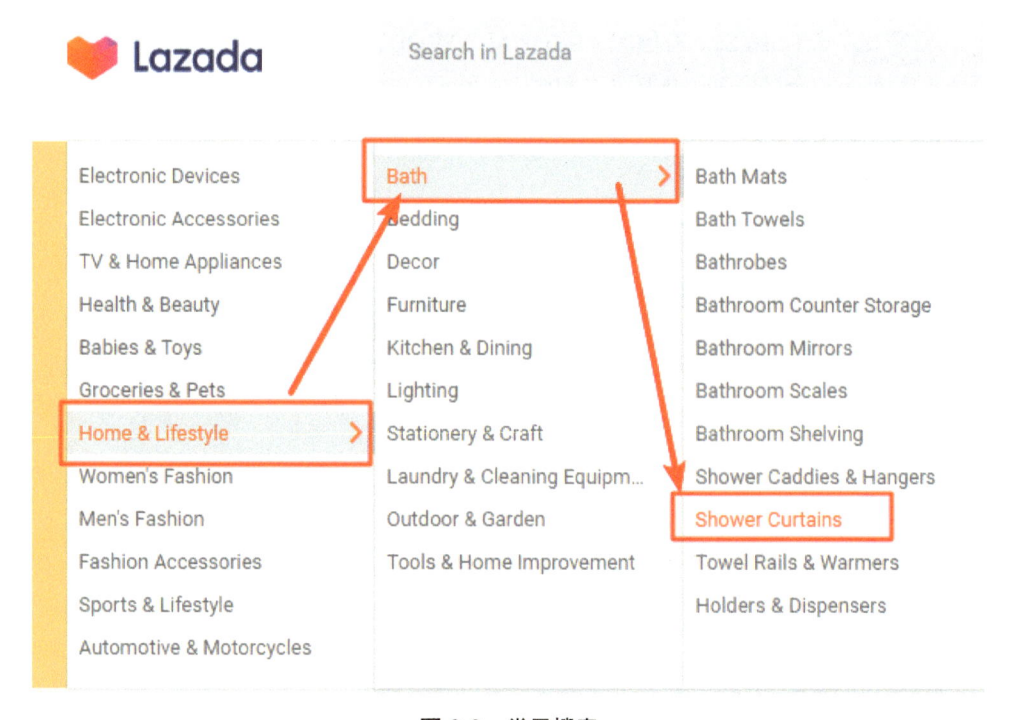

图 3-3 类目搜索

029

同时配合相关属性的筛选，比如材质、颜色等，就可以查看该子类目中哪些单品是热销的，并且分析我们是否可以销售此类单品，如图3-4所示。

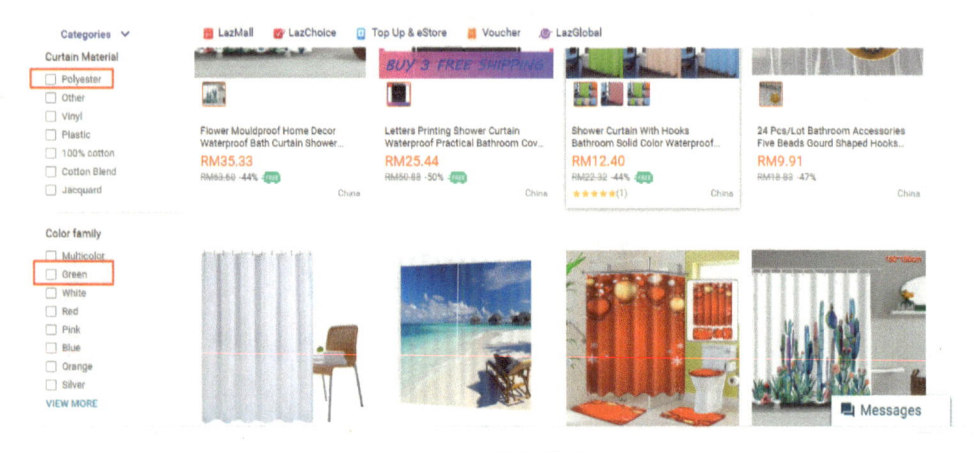

图3-4 属性筛选

（3）关于热门活动，可以关注Lazada前台首页的"Flash Sale"中展示的商品。因为这个活动中的商品是经过卖家的自主报名和平台小二的审核后才能得到展示的，它们基本上是目前市场上需求量最大的商品。商家可以从中找到跟自己所经营的类目最相关的商品，并且研究一下自己是否能够开发并且上传类似的商品。

只需要点击Flash Sale右侧的"SHOP ALL PRODUCTS"按钮，就可以看到目前正在进行展示的全部商品，如图3-5和图3-6所示。

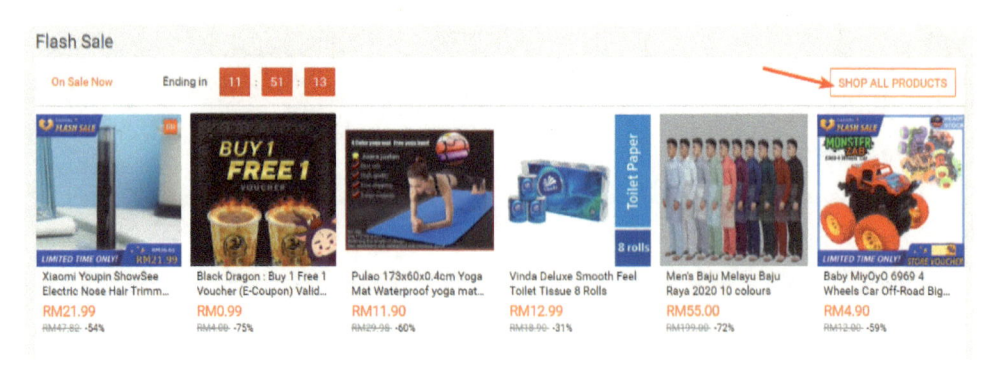

图3-5 Flash Sale

2. 竞品分析选品

在进行站内选品的时候，商家可以结合竞品分析进行深入选品。也就是当选定了特定的可以上传的目标产品之后，对竞争对手已经上架在售的相同产品做全面的分析，从产品价格、产品卖点、产品缺陷等维度提炼自己这款产品需要优化的地方，从而为这款产品将来在平台热卖奠定良好的基础。

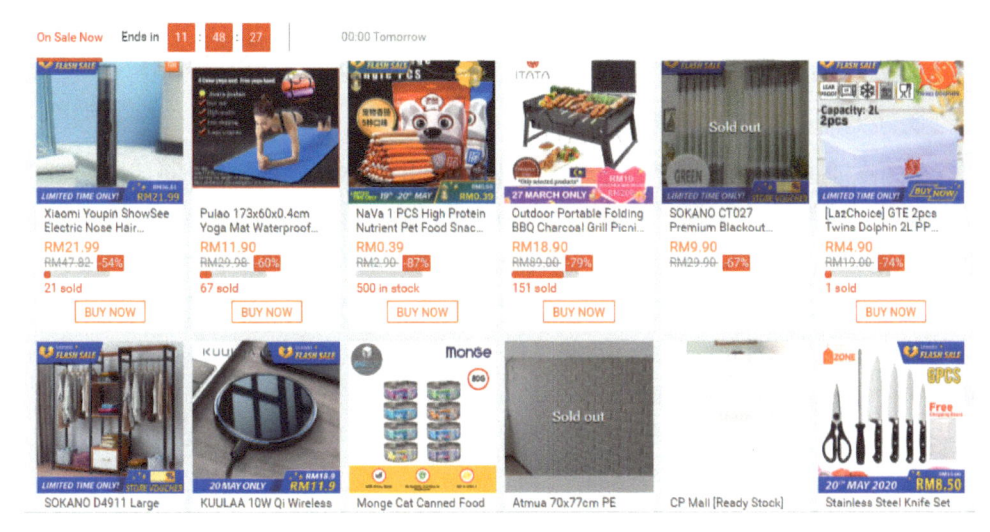

图 3-6　On Sale Now

商家可以重点从竞品的产品缺陷中寻找突破口，发现它们的缺陷并且在自己的产品中避免这个缺陷，并使其成为自己产品的优势。而这些缺陷可以从竞品的"产品评价"（Product Reviews）中去寻找。商家可以找到竞品详情页最底端的产品评价，然后点击"Filter"中的评价等级（比如 1 star），就可以看到买家对于此产品缺陷的描述，如图 3-7 所示。

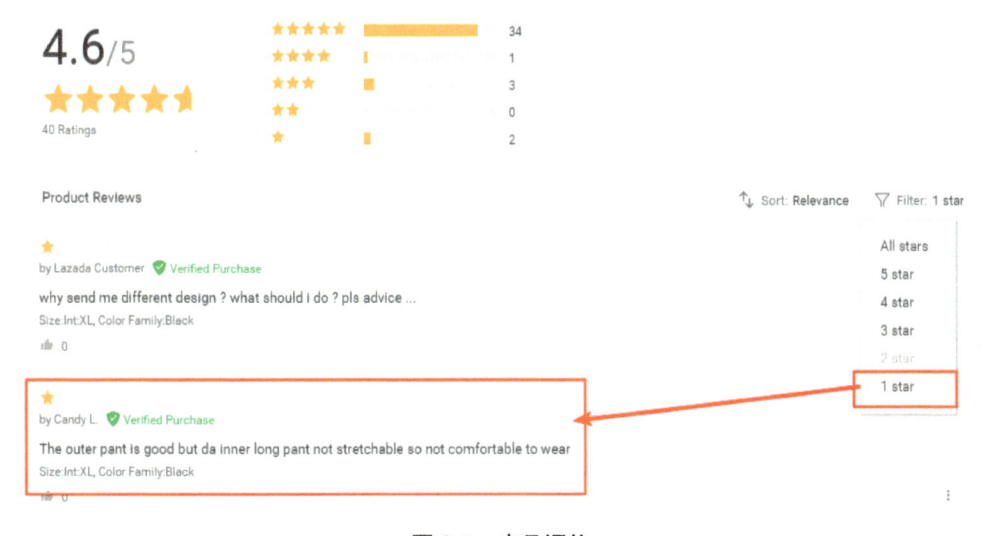

图 3-7　产品评价

以上图中这款产品为例，买家对它的评价是"不易拉伸，穿着不舒适"，那么商家就可以在同款产品的弹性和舒适性上做改进、升级，然后把产品上传到店铺中去，同时在产品描述页面中重点突出这个优势，进而从与竞品的竞争中取得优势。

3. Lazada 官方公众号选品

在 Lazada 的官方公众号"Lazada 东南亚电商"中，会定期发布各个市场的"双周报"和各类目"情报局"，对时下各国家站点和各类目的潜力款进行推荐，并且提供建议价格。商家可以留意这些内容，看看自己能否在特定的价位之内提供相似款产品。

比如在图 3-8 中，公众号对睡衣家居服和内衣做了产品和价格推荐，如果商家有相似款产品，并且定价在推荐的价格区间内，就可以尽快把这款产品上传到自己的店铺中。

图 3-8　公众号选品

4. Lazada 大学市场机会选品

商家还可以经常关注 Lazada 大学中的"国家与行业类目市场机会"栏目，在这个栏目中会有各个国家市场中不同类目的机会品类和产品,如图 3-9 所示。

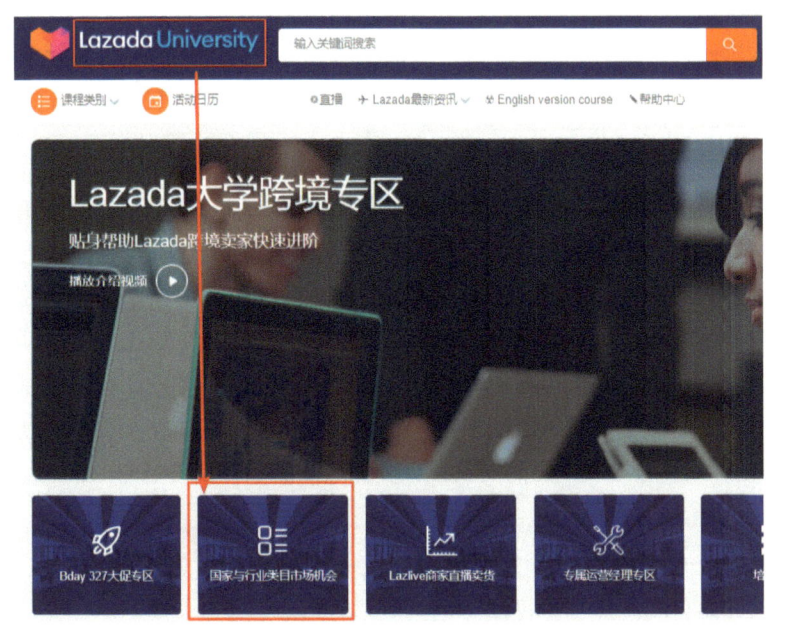

图 3-9 国家与行业类目市场机会

比如点击进入新加坡站点之后,就可以看到在家居生活用品(Home & Living)类目里哪些产品是热销的,商家可以重点关注这类产品,如图 3-10 所示。

图 3-10 家居生活用品(Home & Living)类目市场报告

3.3　站外选品技巧

所谓站外选品是指在 Lazada 平台外部，通过其他跨境电商平台、行业网站以及社交媒体等渠道进行选品。

1. 通过其他跨境电商平台选品

当商家想知道自己经营的产品是否可以在 Lazada 平台热卖，或者想知道这个类目下哪些产品销量更高的时候，可以参考其他跨境电商平台的同类产品热销情况来做判断。如图 3-11 所示，可以在速卖通平台前台的搜索框中输入相应的关键词（以"women fashion shoes"为例），然后在搜索界面中按"订单量"（Orders）进行降序排列，就可以得到"women fashion shoes"在速卖通平台的热销情况。商家也可以点击具体的某个产品，看看这个产品下面的买家评价中东南亚买家评论数量，如果数量比较多，那么商家就可以挑选这款产品的同款或者类似款产品上传到自己的 Lazada 店铺。

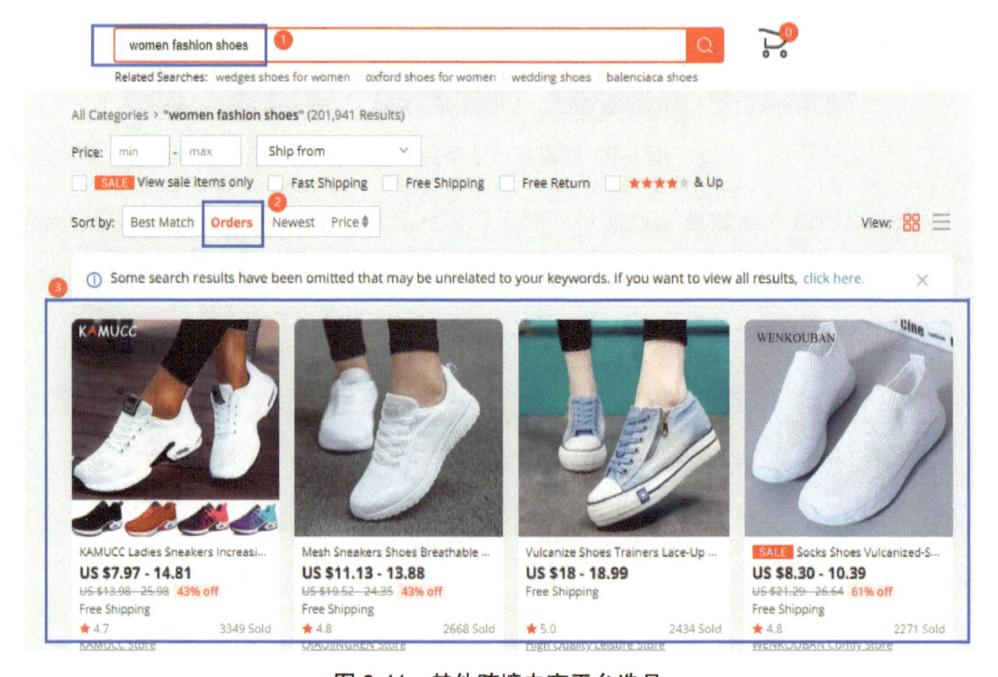

图 3-11　其他跨境电商平台选品

2. 通过辅助型网站选品

除了参考其他跨境电商平台进行选品，商家还可以利用辅助型网站来进行选品。比如商家想知道在独立站（卖家通过第三方建站工具建立的自己的销售网站）上哪些产品热销，可以通过一些辅助型网站来进行。商家可以进入博文视点的官网（www.

broadview.com.cn/40211），找到"辅助型选品网站"，在这个网站上，商家可以筛选出各个关键词下浏览量最高的独立站网址，进而进入相应网站去浏览哪些产品热销，然后开发类似款式的产品，上传到自己的 Lazada 店铺。

具体的操作流程如下：

（1）在搜索框中输入产品名称（关键词），然后点击搜索按钮。

（2）在搜索结果中点击左侧的"Domain"即可进入这些访客数比较多的独立站。

（3）找到这些网站中热卖的产品，进行类似款的开发。

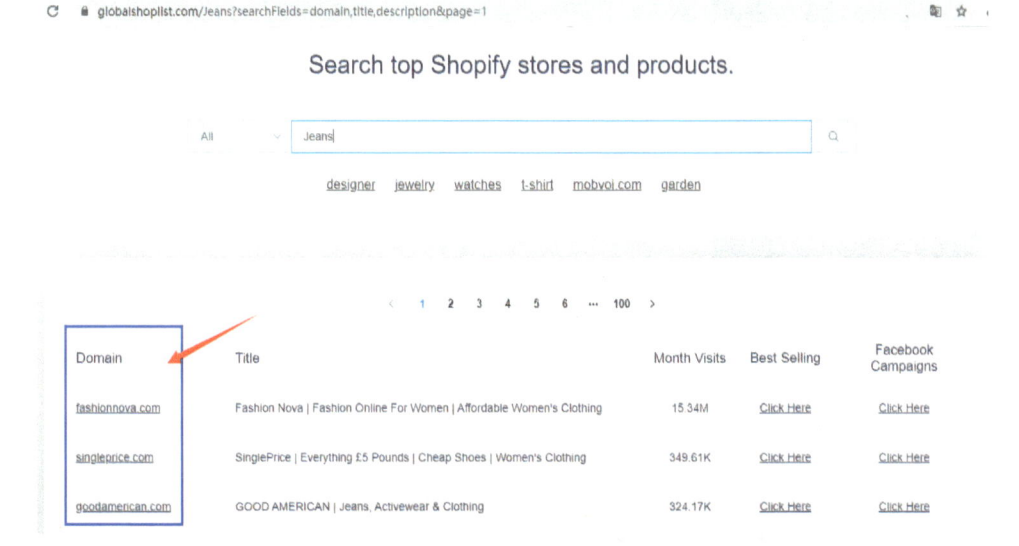

图 3-12　辅助型网站选品

3．通过行业或者潮流网站选品

通过行业或者潮流网站选品是指找到一些相关行业的网站，或者一些发布潮流趋势的网站，进去浏览，去发现相关行业的最新热点动态、流行趋势、潮流元素等，并且把它们加入自己产品开发计划。

比如时尚、服饰类目的商家可以在博文视点的官网（www.broadview.com.cn/40211）找到"时尚、服饰类目选品网站"和"母婴类目选品网站"里的链接，去做选品参考。

4．社交媒体平台（SNS）选品

社交媒体平台（SNS）选品是指在社交媒体平台上关注一些相关行业博主或者网红（达人），他们经常会发布一些产品测评和推荐，而因为这些博主或者网红（达人）拥有众多粉丝，他们推荐的产品往往会得到粉丝的搜索和抢购。如果自己的店铺可以上传类似的产品，就可以获取到这一部分流量。

建议商家重点关注 YouTube、Facebook、Instagram 和 TikTok 等拥有众多活跃用户的社交媒体平台。以 YouTube 为例，在搜索框输入"Sneaker"这个关键词的时候，就可以得到下图中的不同博主发布的相关视频，商家就可以在自己的店铺中重点发布跟视频中相类似的产品。

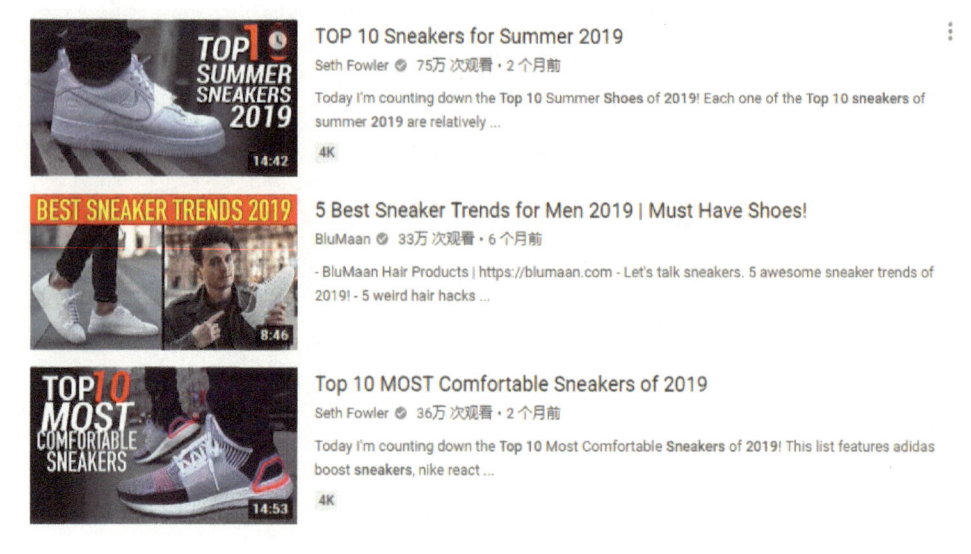

图 3-13　社交媒体平台（SNS）选品

3.4　国内进货网站选品技巧

关于国内进货网站选品，建议大家优先使用阿里巴巴旗下的 1688 网站来进行选品，因为 1688 网站有跨境专供频道，有大量专业的给跨境电商商家供货的商家。具体的选品流程如下：

（1）进入 1688 网站，然后点击"跨境专供"链接。

（2）输入关键词，选择相关筛选条件，即可得到适合在跨境电商平台上传的相关产品。

图 3-14　阿里巴巴 1688 网站选品

第3章 东南亚市场选品思路

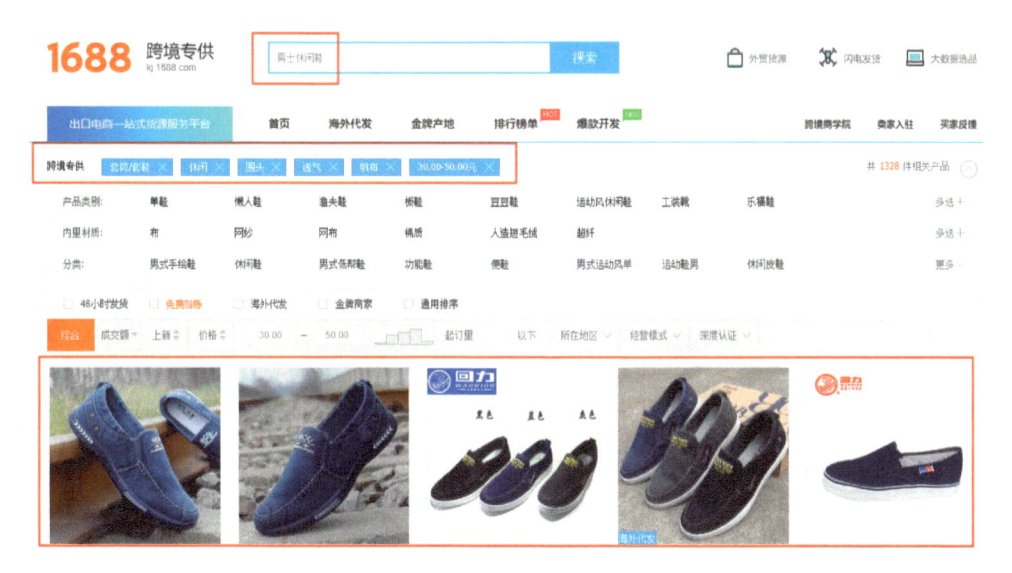

图 3-15 跨境专供

商家可以跟 1688 上的这些卖家进行沟通和洽谈，确定采购关系，然后把产品上传到自己的 Lazada 店铺。

第4章
店铺注册和平台规则

4.1 店铺注册

Lazada 是东南亚市场非常受欢迎的电商平台，在 6 个国家拥有业务，同时在马来西亚也是受欢迎程度位居前列的电商平台，其平台月均访问量超过 41 亿人次，有 300 多万个 SKU，是跨境卖家新的掘金地。现在让我们一起来了解 Lazada 平台入驻条件、卖家费用以及入驻主要流程等内容。

4.1.1 Lazada 入驻条件

（1）入驻 Lazada 平台基本条件如下。
①拥有合法的企业营业执照。
②产品符合国家出口要求及当地国家进口要求。
③注册有国内企业支付宝。
④以企业形式注册有 P 卡（Payoneer 卡，跨境支付数字平台派安盈的卡）并且绑定 Lazada 后台账户。
⑤有一定的电商销售经验，申请入驻时需上传一个产品。

（2）入驻 Lazada 平台加分项如下。
①有专职人员运营店铺。
②是自由品牌或品牌一级代理商。
③具备货源优势链。

4.1.2 Lazada 卖家费用

Lazada 不需要卖家付出任何前期投资，不需要店铺押金或者物流押金，也不会向卖家收取月费或任何其他常规费用。不过，有些类型的费用大家需要了解。

Lazada 费用包括以下项。

（1）订单佣金：根据产品类别不同，费用从商品售价的 1% 到 4% 不等。

（2）增值税（GST）：增值税取决于你产品要销往的国家/地区。马来西亚的增值税税率为产品价格的 6%，新加坡和泰国则为 7%，越南和印度尼西亚为 10%，税率比较高的是菲律宾，为 12%。

（3）账务处理费（支付手续费）：总销售额的 2%。

（4）运费：取决于产品类型和需配送产品所在的国家/地区，主要包括从商家地址到国内分拣中心的运费、分拣中心到目的国的费用。当地的物流运费通常由买家支付，当然卖家也可以包邮，但在产品价格计算时要算好这一部分的费用。

4.1.3　Lazada 入驻主要流程

Lazada 支持跨境销售，欢迎全球各地的卖家入驻，不需要在当地注册分公司。入驻流程如图 4-1 所示。

入驻流程
process

注册账号 → 提交材料 → 商品上传 → 收款账号绑定 → 后台审核 → 店铺上线 → 运营对接

图 4-1　入驻流程

1. 注册账号

首先登陆 Lazada 官网，然后填写注册表创建账号。需要提前准备好公司的详细信息、企业支付宝、P 卡账号、电子邮件地址、电话号码和其他相关数据。

注意事项如下。

（1）选择中国区域所在地，使用有效的中国手机号进行身份验证。
（2）需要使用企业支付宝进行验证，如无企业支付宝，需提前申请好。
（3）密码至少需要 8 位，至少包含 1 个字母、1 个数字和 1 个符号。
（4）进入企业支付宝验证页面进行支付宝验证。
（5）新商家入驻前请仔细阅读 Lazada 跨境 2 个合同内容！

2. 提交资料

这个环节主要完成地址信息和企业信息填写。

注意事项如下。

（1）填写正确地址，开店后如出现退货情况需要寄往这个地址。
（2）请填写真实的公司信息。

3. 商品上传

这个环节主要上传公司的产品。

注意事项：请上传真实商品，否则入驻申请将会被拒绝！

4. 收款账号绑定

这个环节主要绑定企业收款账号。

注意事项如下。

（1）卡账号需提前申请好。

（2）收款账户需是企业账户，不能是个人账户。

（3）Alipay 目前只支持 5 个国家（马来西亚、新加坡、泰国、菲律宾、印度尼西亚），不支持越南。

5. 后台审核

（1）提交申请，按要求填写完上述信息，提交成功后，请耐心等待阿里小二进行相关审核。

审核结果分为"审核通过"及"审核拒绝"两种。当审核通过时，注册使用的邮箱将收到 6 封邮件，通知在 6 国注册成功；当审核被拒绝时，注册邮箱将收到 6 封拒绝的通知邮件。

在等待平台审核资质过程中，商家们可在后台提前完成以下事项，方便后续运营管理店铺。

①提前把准备好的产品信息上传，在后台点击"Add Global Products"链接并保存（但无法发布，需待店铺审核通过后，方可发布），如图 4-2 所示。

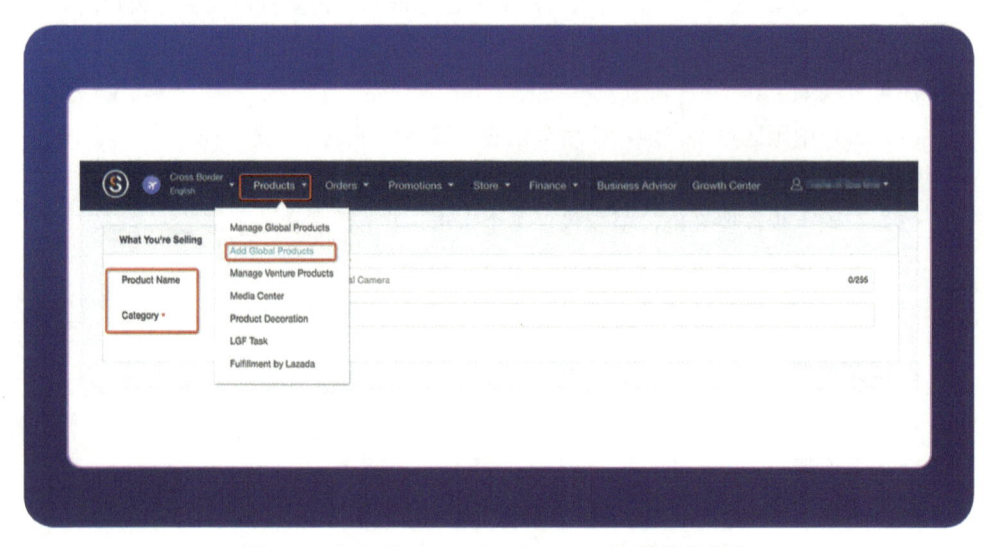

图 4-2　点击"Add Global Products"链接并保存

②登录 Lazada 大学，学习 Lazada 店铺运营的相关课程，熟悉平台运营规则，为后续店铺运营打下坚实的基础。

（2）在店铺审核通过后，商家朋友们即可上传发布产品，开始运营店铺操作。

后面的流程是店铺上线，运营对接，这里不再赘述。

4.2 平台规则

中国有句古话"无规矩不成方圆",意思是说想做成一件事必须遵循相应的规则。同样的,想要在 Lazada 平台取得成功,就必须遵循该平台的相关规则。本节就给大家来梳理一下 Lazada 平台的主要规则,这些规则包括:账户相关规则、内容规则、知识产权规则和禁限售规则。

4.2.1 账户相关规则

1. 卖家账户规则

卖家账户一旦被 Lazada 终止,卖家将不被允许在 Lazada 平台上开新的店铺并进行交易;卖家不允许申请多个产品类型相同的店铺;卖家不允许抄袭其他卖家店铺的装修、产品及内容,不允许做出使买家难以辨别真正的产品来源的行为。

建议卖家以诚实的态度在 Lazada 平台上交易。平台不会容忍卖家的欺诈和欺骗的行为。一旦发现卖家有欺诈和欺骗的行为,Lazada 平台会立即采取行动,保持一个可信的、可靠的及健康的电商经营环境。

卖家若违反卖家账户规则,将会最高承担 48 分的扣分。48 分的扣分会令卖家账户被立即关闭。

如果卖家收到扣分的通知并且想要申诉,可以到 ASC-Growth Center 进行申诉。

2. 店铺命名政策

卖家店铺名称作为卖家在 Lazada 平台上的身份,是非常重要的。店铺名称可以反映店铺在线下的商铺名称,比如商铺招牌、官方网站及其他为消费者所熟知的名字。一个好的店铺名称会让消费者更容易地找到。

1)格式

店铺名称应该由文字或字母组成,并且没有特殊符号。可使用英文及商家所在国家的语言。

2)店铺名称不应该包含的内容

A. 已经存在的 LazMall 店铺名称。

B. 已经注册的品牌名称。

C. 粗俗、敏感及具有诋毁性质的内容。

D. 具有性暗示、含有亵渎性质的当地用语,或者被大众认为反映恋童癖、人兽交或性暴力的内容。

E. 具有暴力及恐怖活动暗示的内容。

F. 已有版权及商标权的内容。

G. 已存在的电商平台词汇，比如 Lazada、LazMall、LazGlobal、Taobao Collections、阿里巴巴等。

H. 只有类目名称。

I. 只有数字。

J. 只有国家名字。（如果确实需要加入国家名字，可以在店铺名称后面加上并用括号括起来。）

K. 如果不是旗舰店、官方店铺、独家代理，请避免使用这些字眼。如果需要使用，请提供相应的证明。

L. 只有一个词，并且是通用词汇，比如店铺、WhatsApp 等。

M. 含有比较意味的文字。

N. 含有禁售产品名称。

O. 含有电话号码、网站链接、".com"。

3）对店铺名称长度的建议

为了让店铺名称更容易被搜索到，建议店铺名称长度限制在 6 个单词或者 50 个字母内。

3. 新卖家入驻可见商品数量

所有于 2019 年及以后注册的新卖家在 90 天内净订单量小于 30 的情况下，可以上传最多 500 个可见商品。

4.2.2 内容规则

1. 商品内容质量规则

为保证消费者购物体验，Lazada 平台会根据不同的指标对平台商品进行管理，从而让平台上的商品都是高质量的并且有竞争力的产品，同时会对以下两类商品进行下架：竞争力有待提升的商品和故意上传的重复商品。

触犯 Lazada 平台内容政策会造成相应的扣分或产品下架，具体规则如表 4-1 所示。

表 4-1 平台内容政策

内容政策 - 绩效系统扣分细则	扣分及后果
（1）Non-Performing Product Listing	商品下架
（2）Wilful Duplication of Product Listing	商品下架并扣除 1 分

1）什么是竞争力有待提升的商品

在过去90天内有曝光量但是却没有综合浏览量或者综合浏览量非常低的产品，系统会自动进行下架，可以在 ASC-Product-Product Overview-Poor Quality 中看到这些产品细节。

2）当产品被下架后商家可以做什么

可以在 ASC-Product-Product Overview-Poor Quality 中看到这些产品细节，并通过编辑产品内容，使他们重新上架。

3）故意上传重复商品的后果是什么

经过核实，如果卖家确实存在故意上传重复商品的行为，卖家会面临1分的扣分及处罚。

重复商品将会被下架，被下架的商品将会是那个销量较低、历史上加入购物车次数最少或者拥有最少点击量的商品。

2. 类目错放规则

类目错放是指产品被放入错误的类目中，比如在电子类目下面放置连衣裙，这会使购物者在 Lazada 平台很难买到合适的产品。

商家故意造成类目错放，相应的商品会被锁定，商家将遭到1分的绩效扣分。

4.2.3 知识产权规则

1. 4种侵权行为

A. 商标。可识别的标志、设计或表达形式受法律保护，该标志、设计或表达形式源于他人的产品或服务。

B. 版权。原创作品受法律保护，需要确定是否可以在其他条件下复制和使用该作品。

C. 专利。发明（例如工艺设计）受法律保护，禁止他人制造、使用、销售和进口。

D. 注册设计。产品的形状、配置、外观、图案或装饰受法律保护。

2. Lazada 平台如何定义侵权

注意，侵权包括但不限于以下内容。

1）卖家在平台上刊登假冒产品或服务

A. 客户在产品上添加了与注册商标相同或相似的标志以说明该产品或服务的来源，并且在未经注册商标所有人同意的情况下进行了该标志的使用。

B. 如果客户未经版权拥有者的同意而复制、发布或分发受版权保护的创意作品，并在平台上出售这些作品。

C．除了使用商标注册号查询商标外，在日常使用上述工具时，还可以通过商标名称或商标所有者查询商标。

2）内容侵权

A．在产品说明或其他信息中未经授权使用商标。

B．未经版权所有者许可，使用受版权保护的材料。

3）其他类型侵权

A．侵犯注册外观设计包括上传和注册与设计商品部分或者整体类似的商品。

B．在专利有效期内上传该专利概念或发明，从而侵犯了专利所有人的权利。

3．卖家如何保护自己的知识产权？

如果商家留意到其他卖家的商品图片侵犯了自身的知识产权，可以提出投诉，但是商家必须是这些图片的原创者。

4.2.4 禁限售规则

卖家不应该在平台上销售目的地所在国家的法律法规所禁止销售的产品。作为卖家，有责任保证自己店铺产品不违反销售目的地所在国家的法律法规。

如果卖家对禁售产品的定义不清楚，可以到 Lazada 大学网站了解禁售产品的详情。根据违规行为的严重程度，Lazada 平台有权力对商品进行锁定、对账户进行限制并且没收账户款项。Lazada 平台有权力根据行为的严重性采取其他必要的行动。

卖家若遭到 48 分的扣分，将面临店铺被下线的处罚。根据行为的严重性，在一些特殊情况下，Lazada 平台有权力对店铺进行下线即使该店铺并未遭到 48 分的扣分。卖家可以登录 Lazada 大学了解更多关于跨境商家绩效系统的详情。

第5章

产品上传

5.1 单个产品上传流程

5.1.1 ASC 产品上传流程

1. 进入 ASC 产品界面

ASC 产品上传方式可以分为以下两种。

（1）如图 5-1 所示，通过路径"商家后台 → Products → Add Products"，即可直接进入 ASC 产品发布界面。

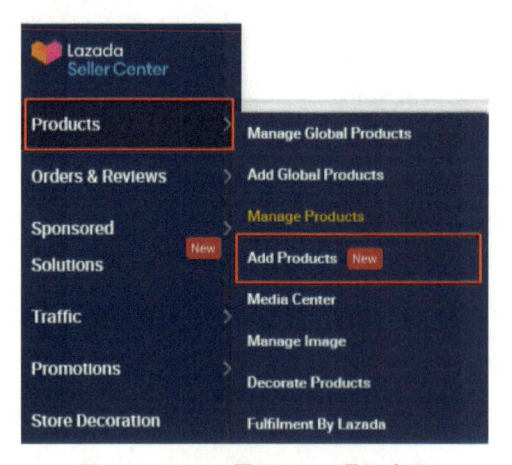

图 5-1　Home 界面 ASC 添加产品

（2）如图 5-2 所示，在进入产品管理界面，选择上传的站点后，可以选择添加新品，通过路径"Product → Manage Venture Products → Malaysia（或其他国家）→ Add New"来添加。

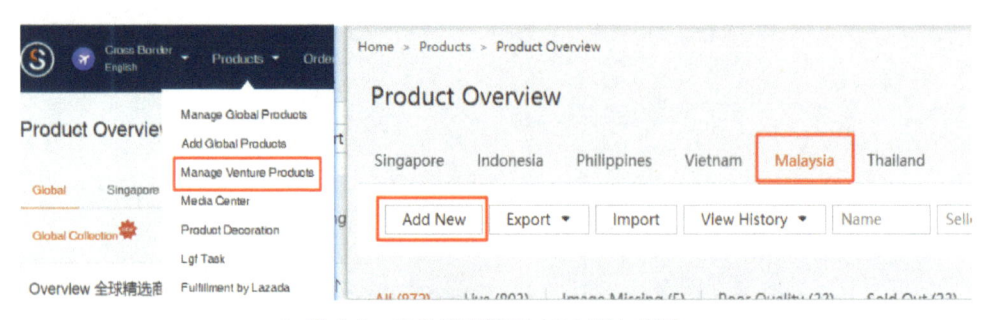

图 5-2　产品管理界面 ASC 添加新品

2. 选择产品类目

在正式填写产品信息前，需要结合商品实际情况合理选择产品类目，并需要精准地选择到根分类。如图 5-3 所示，在选择好产品类目后，点击"Confirm"按钮即可进入产品界面。

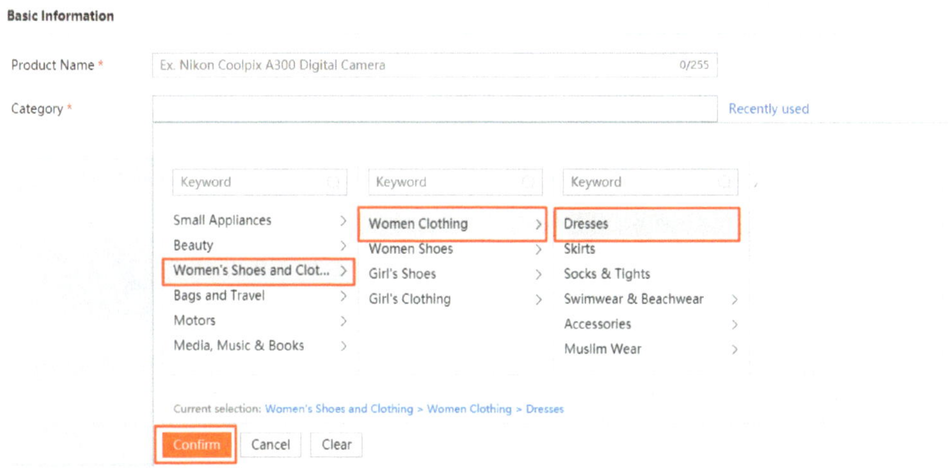

图 5-3 选择类目

在选择类目时，商家一定要注意合理选择类目，不然产品将无法通过平台审核，并且不能够参加促销活动。一些新手商家在为陌生产品选择类目时，可能会遇到很大困惑，那么笔者在这里提供给大家两种方法借鉴参考。

（1）如图 5-4 所示，将产品关键词输入到标题框中，系统会根据输入关键词推荐相关类目供选择。

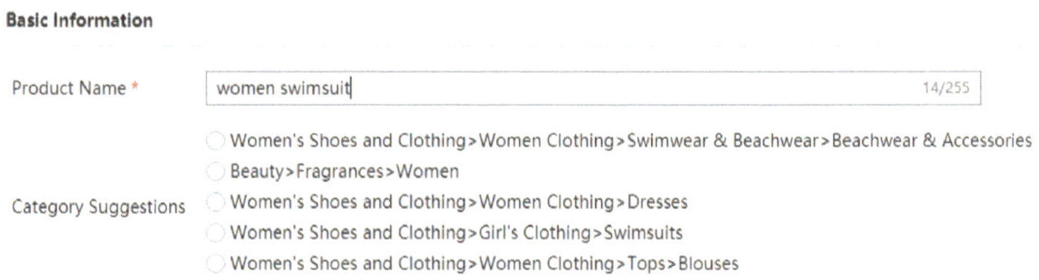

图 5-4 标题推荐类目

（2）如图 5-5 所示，也可以在 Lazada 商城里面搜索一款与自身产品相似的产品，然后进入商品界面，在界面上方就可以看到该产品所在的类目。

通过这两种方法均可以帮助新手商家解决选择类目上的困惑。

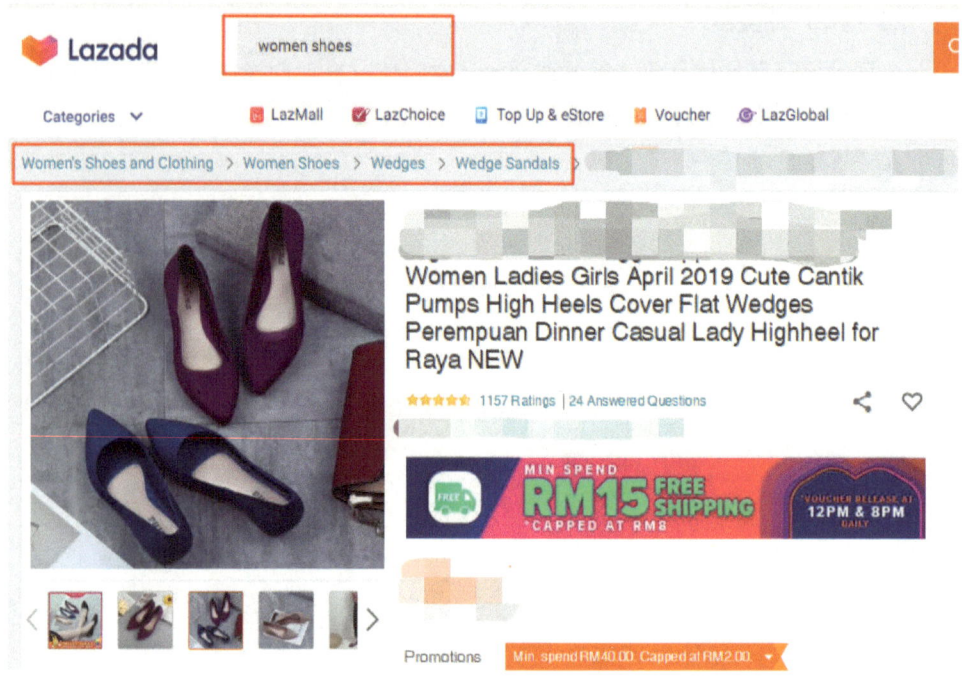

图 5-5 参考同行商家类目

3. 产品基础信息

在合理选择类目后，即可进入产品界面，如图 5-6 所示。基础信息主要包括产品标题、产品视频、品牌以及产品属性。产品界面中带有红色星号标记的项均为必填项，需要进行填写后方可上传，未标记的为选填项。

图 5-6 产品基础信息

产品标题更像是产品的宣传语，当买家通过关键词搜索时，如果产品信息的匹配度高，产品就更容易获得曝光。一个优质的标题里面要包含能带来更多曝光量的热门词和潜力词，一般优质词汇被划分为：核心关键词、属性词和修饰词三种。

核心关键词主要指产品名词，例如一款泳衣的关键词可以是 Swimsuit、Swimwear、Beachwear 等，挖掘的可用关键词种类越多越容易获得曝光，但是注意不要脱离产品本身，不要使用无关的关键词。属性词指产品本身的特性词，放在标题中主要为了描述产品特点，突出产品卖点，例如材质、款式、图案、风格等。修饰词可以理解为产品的周边属性，属于因产品本身特点引出的属性，这些修饰性的词汇往往也会有比较多的搜索量，例如产品适用场合、适用季节、适用人群等。

在整理词汇过程中，可以使用谷歌关键词工具去了解国外买家的搜索习惯以及需求，更好地精准挖掘出优质关键词。当然也可以从词的搜索热度与竞争指数来分析哪些词汇更适合用在自己的产品上，一般可以采取"大商家优先考虑热门词汇、小商家优先考虑潜力词汇"的思路，对现有词汇进行选择使用。在把以上关键词找出来后，即可进行整理，完成标题制作，如图 5-7 所示。

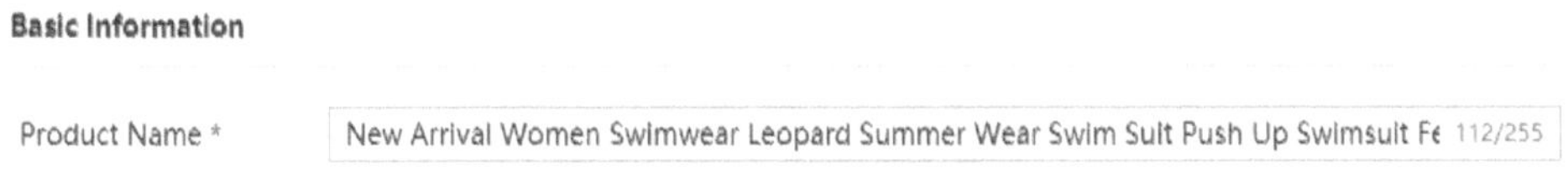

Basic Information

Product Name *　　New Arrival Women Swimwear Leopard Summer Wear Swim Suit Push Up Swimsuit Fe　112/255

图 5-7　产品标题案例

在制作标题过程中，有一些注意事项需要关注：第一，产品标题中禁止出现违规词汇，尤其是内衣、比基尼等产品商家，更要注意一些敏感词汇，不然会出现上传失败的现象；第二，在标题设置过程中产品核心关键词不可多次重复出现，这样会令标题关键词重复，导致产品发布失败。

接下来是产品基础信息中视频上传部分，虽然这是一项选填内容，但其作用还是蛮大的，视频可以被理解为无数张图片的结合体，由此可见，视频中所能够承载的信息量还是比较大的，并且伴随着短视频的发展，通过视频传达信息的方式，慢慢地更加适合卖家。当然，视频传达出的信息对于买家而言也是更加直观的。

视频内容要明确主题，例如产品加工流程、产品使用步骤以及品牌故事等，这些内容均可作为视频内容，注意不要掺杂太多内容，这样不能清晰突出视频内容主旨。可以提前在媒体中心里上传制作好的视频。如图 5-8 所示，通过路径"Products → Media Center → Video → Upload / Manage Videos"来上传视频，在审核通过后即可在产品上传时，直接使用。

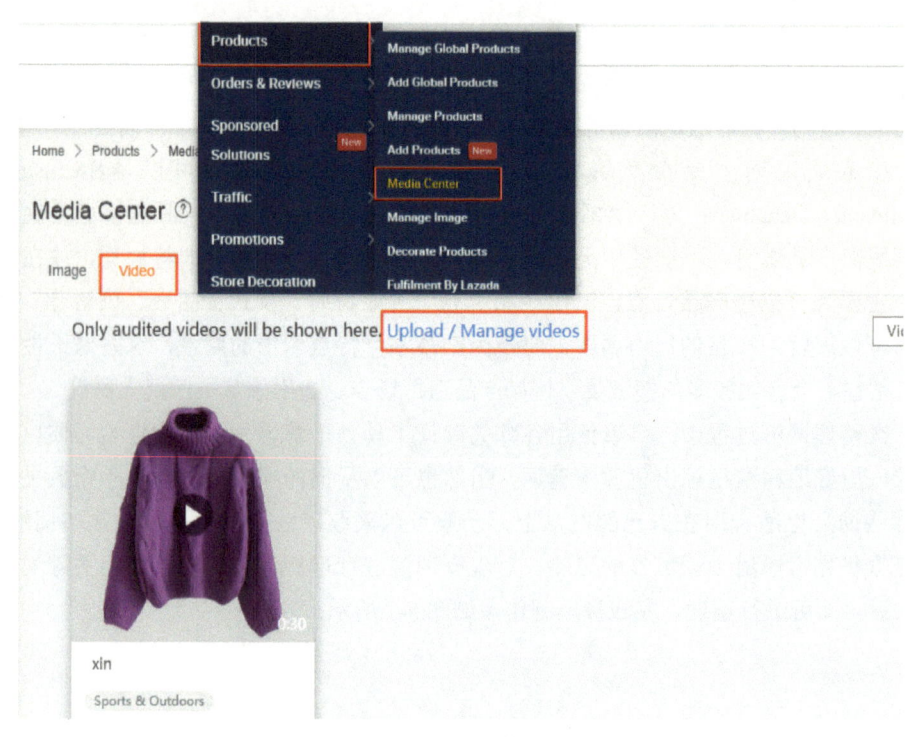

图 5-8 视频上传流程

下面是基础信息最后一部分——品牌以及产品属性。这部分的首要必填项就是品牌，品牌是突出产品差异化重要的因素之一，并且也是相当有说服力的一项。品牌价值会随着产品的售出而体现出更为重要的作用，品牌也是需要在平台进行申请备案的，如图 5-9 所示，进行品牌备案申请。在这里需要注意品牌备案并不是所有站点互通的，如果想在多个站点使用品牌是需要在不同站点进行品牌备案申请的，只有通过后，方可直接选择。当然如果店铺暂时没有自由品牌或者未拿到授权，也可在这之前，选择品牌后方的 No Brand。

图 5-9 申请品牌备案

关于品牌下方的内容均为产品的属性项，这些项目内容会根据产品类目变化而发生改变，统一由系统推荐，结合产品本身实际属性填写即可。

4．细节描述

细节描述部分分为短描述和长描述，二者所承载的功能基本类似，主要通过文案和图片，进一步详细描述产品其他信息，从而对买家进行吸引和转化。

短描述可以理解为一种自定义形式的属性完善，如图 5-10 所示，在完善属性内容时，主要内容的排版格式要做到清晰整洁。撰写描述要点时，需要注意：短描述要点有 3—8 点即可，仅允许使用项目符号（圆点）呈现要点，并且每条描述内容不得超过 60 个字符。

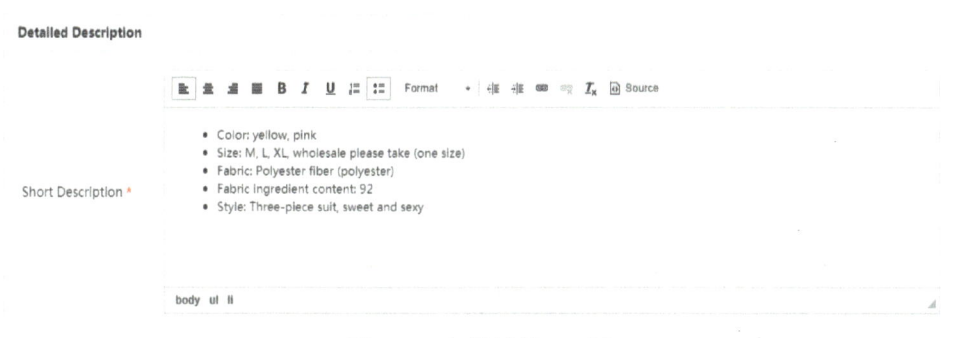

图 5-10　短描述撰写示例

长描述中有两个模式可以选择，如图 5-11 中所示，分为 Text Editor 和 Lorikeet 两种，主要以卖点描述和图片描述为主。在图 5-11 中可以看出，在 Text Editor 模式下可以直接填写文字内容，在内容填写完毕后，可直接上传本地产品图片等信息。

图 5-11　长描述撰写示例

Lorikeet 模式为最新推出的专业模式，如图 5-12 所示，里面具备丰富多样的模块可供直接选择编辑，省去了美化排版设计的环节，能够呈现出更美观内容，给予买家更好的视觉体验。

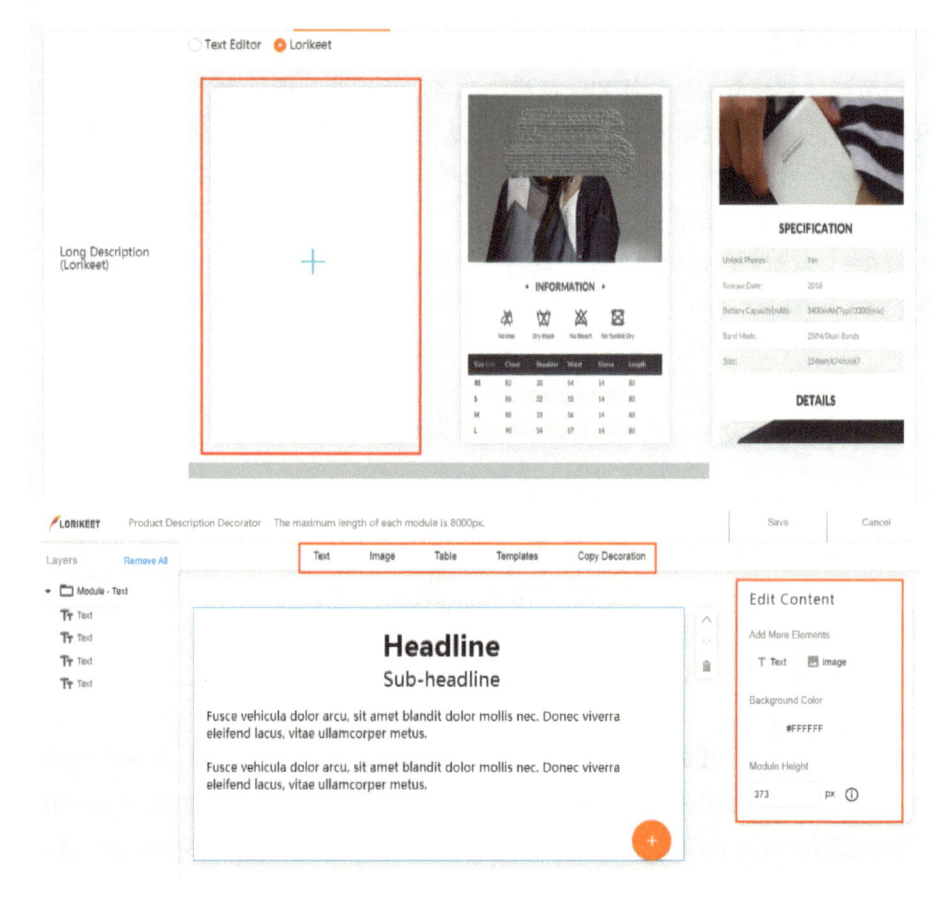

图 5-12　Lorikeet 功能介绍

5. 产品价格与库存

产品价格与库存部分主要根据产品销售方式划分，一般以颜色和尺码两种属性划分为主，填写方法如图 5-13 所示。在选择图片时，尽量选择多维度产品照片进行上传，这样买家在浏览图片时，可以获取产品更全面的信息。

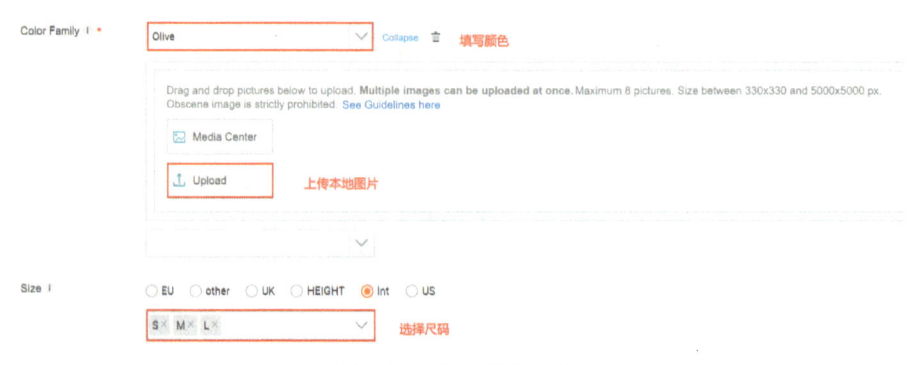

图 5-13　产品属性划分

产品价格与库存可以结合产品成本及备货量填写。促销价格会在商家所选择的促销时间内直接生效。SKU 即商品的编码，按照自定格式填写进去就可以了，如图 5-14 所示。

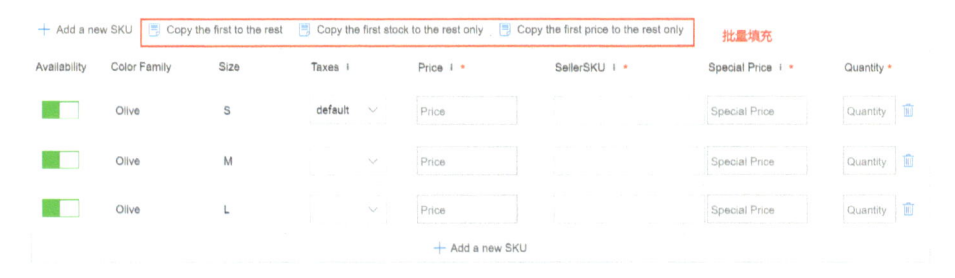

图 5-14 填写产品价格与库存

6．产品运输信息

产品运输信息部分就非常简单了，直接严格按照产品包装后的信息填写即可，千万不要忽略包装的重量，以免造成运费上的亏损，具体填写信息如图 5-15 所示。

图 5-15 产品包装信息

在所有信息填写完成后，可以参照图 5-16 所示查看产品分数，如果没有任何问题，点击"Submit"按钮进行上传。

图 5-16 产品分数优化

5.1.2 GSP 产品上传流程

GSP 产品上传功能为更多处于"一店多站"运营模式的商家提供了很大的便利。

其整体信息填写部分与 ASC 的信息填写部分并无太大差异。如图 5-17 所示，可以直接进入 GSP 产品上传界面。

图 5-17　Home 界面 GSP 添加产品

GSP 产品上传界面的特殊之处如下。

（1）如图 5-18 所示，GSP 产品界面的长描述目前并不支持 Lorikeet 模式进行装修，需要在不同站点中编辑产品方可使用。

图 5-18　GSP 产品界面长描述

（2）产品定价是 GSP 产品上传的一大特色，商家直接将产品的人民币定价输入后，点击"Calculate"按钮，系统将计算出不同站点的销售价格，如图 5-19 所示。并且在 GSP 界面中，促销价格为必填选项，建议产品还是要写促销价格的，这样也容易吸引买家购买。当然如果想要无折扣销售也可，将促销价格与零售价格填写一样就好，但是注意促销价格不能高于零售价格。

具体计算公式，可以点击价格后面的"…"按钮查看，避免在价格上出现失误，如图 5-20 所示。

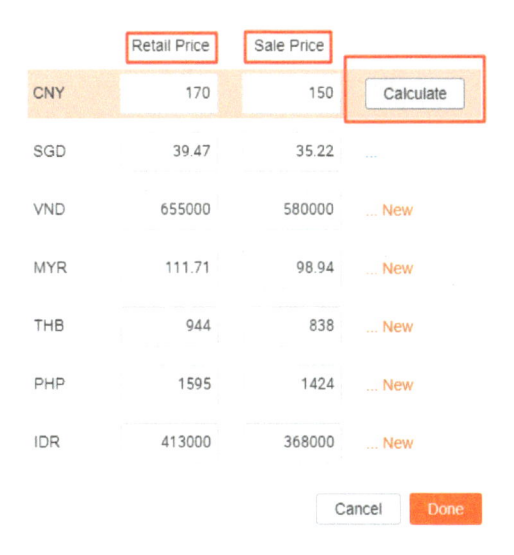

图 5-19　GSP 产品定价

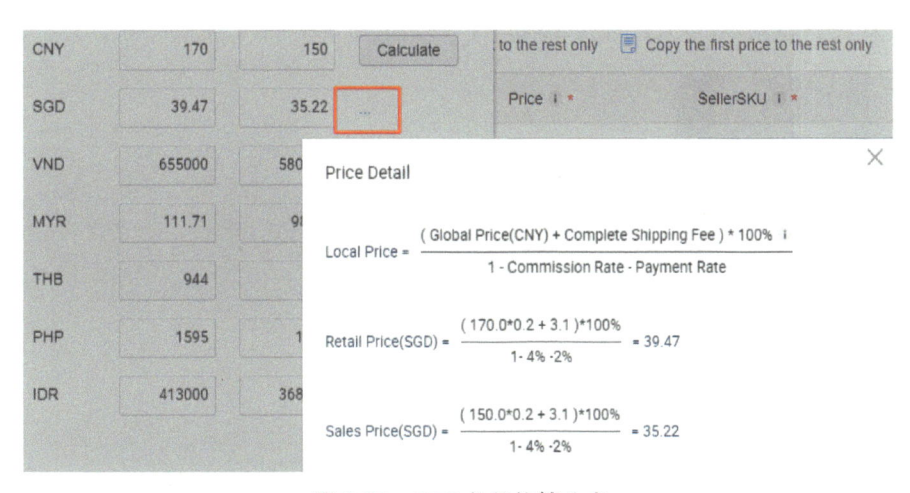

图 5-20　GSP 价格换算公式

（3）在 GSP 界面中可以根据自身需要，选择上传的站点、本土语言翻译，并实现自动库存分配功能，如图 5-21 所示。

图 5-21　选择站点、本土语言翻译及是否自动分配库存

（4）在产品发布过后，商家可以通过路径"Products → Manage Global Products"，查看产品发布审核进度以及 QC 审核情况，如图 5-22 所示，站点前标记绿色即为发布成功，标记黄色为 QC 审核未通过或其他原因，标记灰色为发布失败。具体原因可以使用鼠标点击站点的标记进行查看。

图 5-22　GSP 产品查看界面

5.2　批量上传

5.2.1　ASC 页面批量上传

如图 5-23 所示，通过路径"Products → Manage Products"登录 ASC 页面。

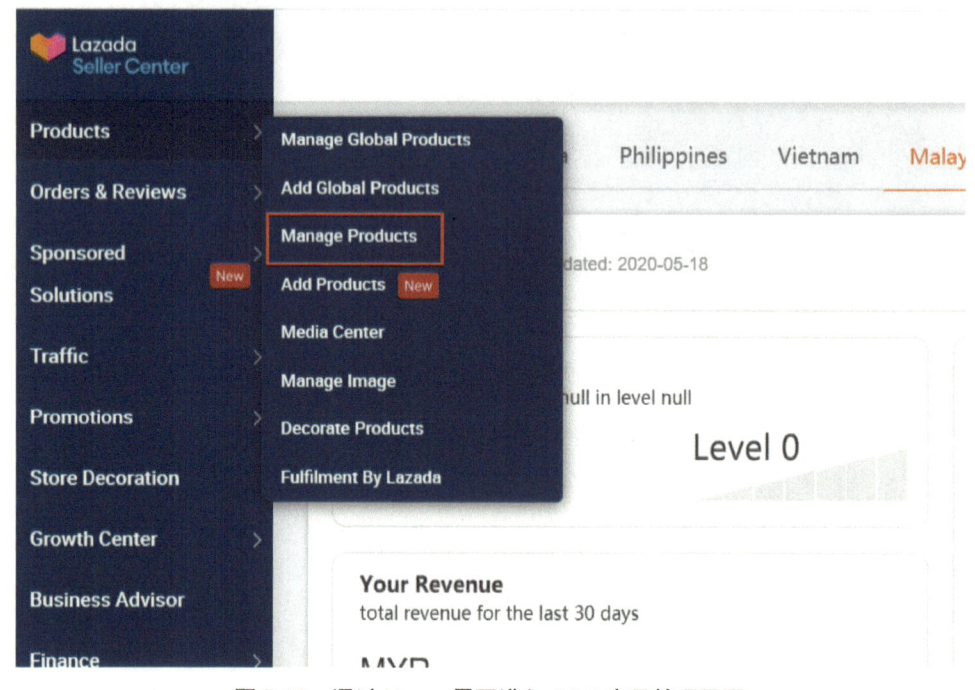

图 5-23　通过 Home 界面进入 ASC 产品管理页面

进入批量导入页面，选择"Import"选项卡，如图 5-24 所示。

第5章 产品上传

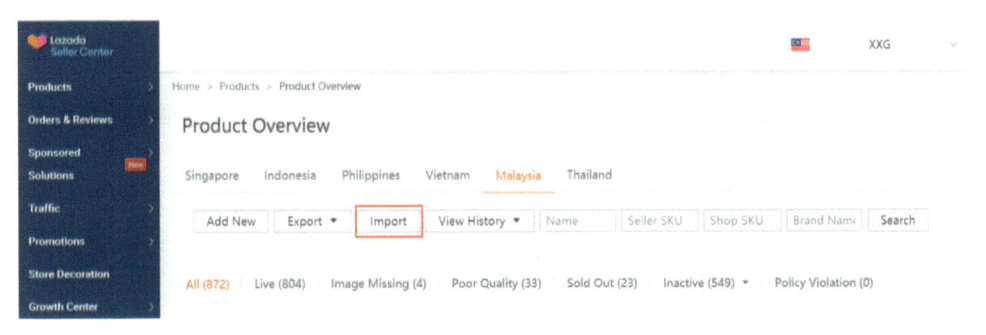

图 5-24 ASC 产品管理界面 - 导入

（1）按类目下载批量上传模板，如图 5-25 所示。

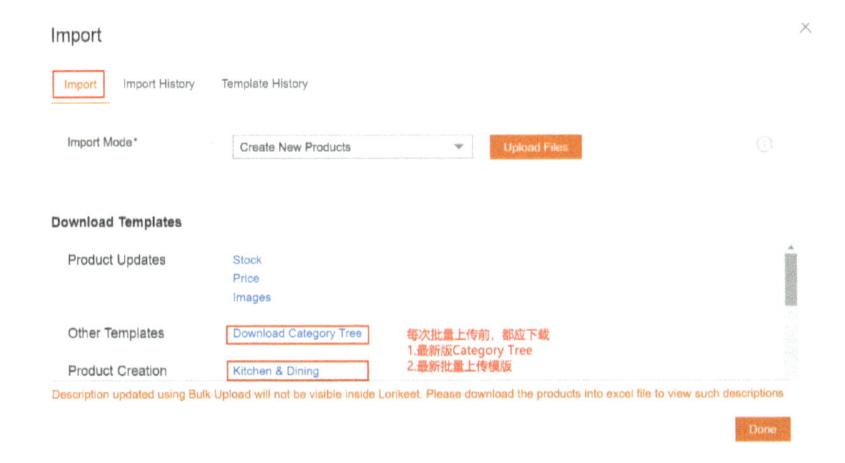

图 5-25 下载批量上传模板

自动转跳到"Template History"选项卡。

当模板准备完毕，点击"Download"链接下载，如图 5-26 所示。

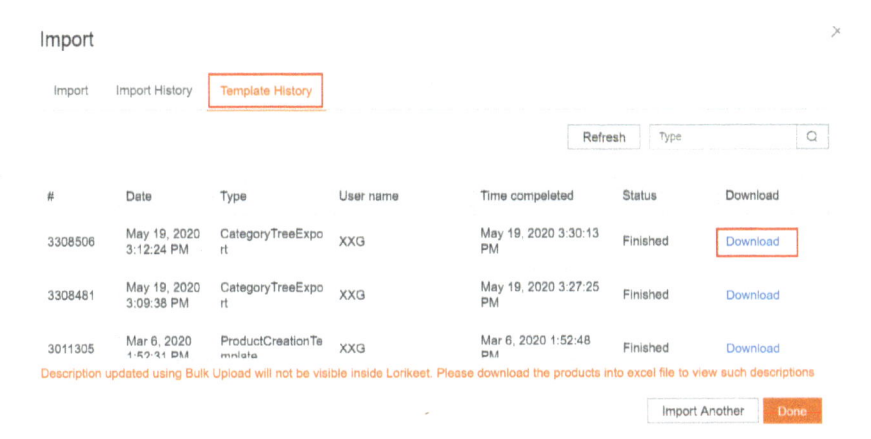

图 5-26 模版下载历史记录

059

（2）批量上传模板概览，如图 5-27 所示。

①"Instructions"（简介），介绍模板最基本的操作。

②"Data Terminology"（数据用语），解释所有在批量上传过程中将会看到的数据用语。

③"Upload Template"（上传模板），在此可以填写产品信息和添加图片等。请勿编辑任何标题，否则可能导致上传失败。请注意不同的类目对应不同的必填属性，请确保使用的是正确的模板。

④"Valid Values"（有效值），可以借此查看底层类目及编号，同时也可以查看批量上传模板中包含的某些属性的选项值。（请查看有效值，有效值可以作为选择类目和填写各属性的指引。）

⑤"Example"（示例），供商家参考。在填写批量上传模板时，请注意在选择好正确的类目后，将会弹出彩色框，红色框代表必填选项，这些选项是创建产品必须要完成正确填写的项目。

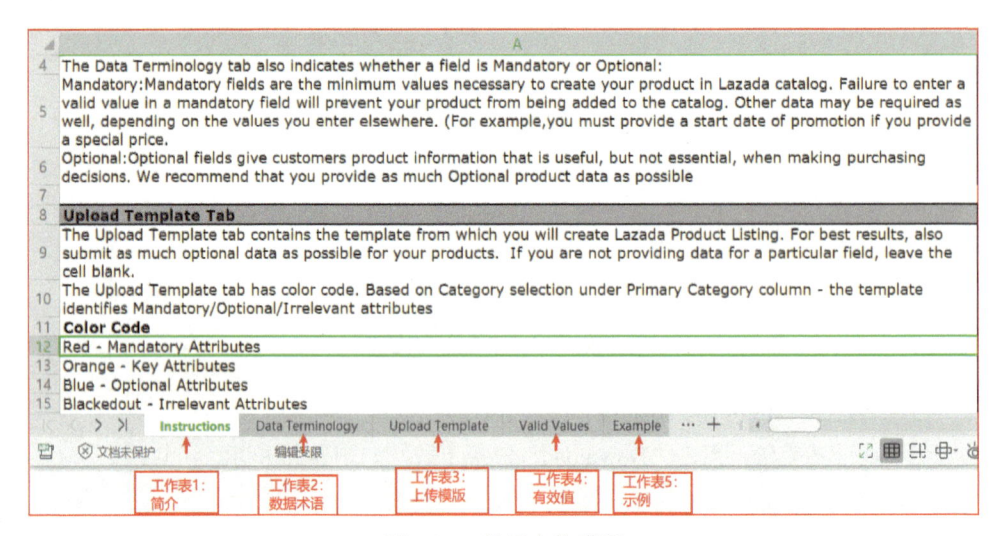

图 5-27　批量上传模版

请注意：商家只可以编辑图上的工作表 3，不可以编辑或删除其他工作表。

（3）填写上传模板（工作表 3，即 Upload Template），如图 5-28 所示。

如有下拉菜单请根据给出选项选择填写，如没有请自行填写。

当选择好底层类目之后，模板中每一格会标注不同颜色：红色框代表必填；蓝色框代表选填；灰色格为此类目不相关属性。

第5章 产品上传

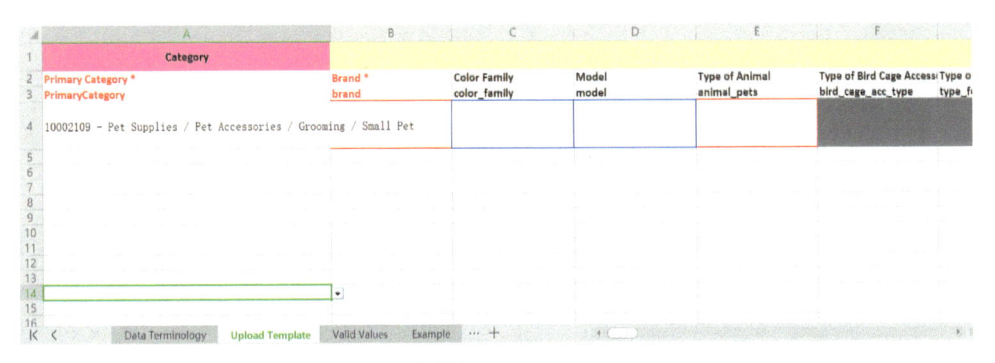

图 5-28 上传模版，即 Upload Template

（4）上传模板。

在上传前，确保每个必填属性已正确填写，不可删除或编辑工作表1、2、4 和 5。上传和检查结果步骤如下。

① 通过路径"Seller Center → Products → Manage Products → Import → Create New Products → Upload Files"选择要上传的文件，如图 5-29 所示。

图 5-29 上传文件

② 查看结果。系统会自动转跳到"Import History"选项卡，查看"Status"。上传成功，如图 5-30 所示。

061

图 5-30 在导入历史界面中查看上传状态

如果上传失败，请点击"Download Error Report"链接，做相应的修改并再次上传，如图 5-31 所示。

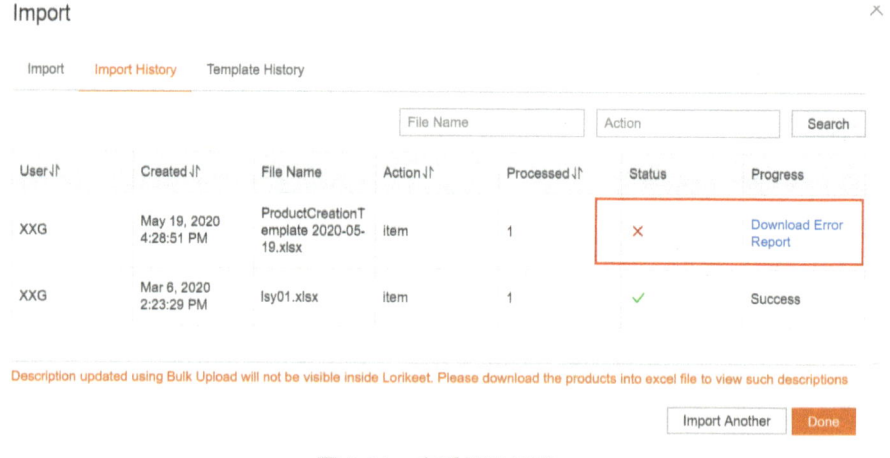

图 5-31 查看错误原因

5.2.2 Lazada 产品批量上传注意事项

1. 如何用批量上传模板做产品组合

有些类目具有 SKU ATTRIBUTES，当 SKU 上线之后，会在前台自动组合。如果商家正在上传具有 SKU ATTRIBUTES 的产品，请在第一次批量上传时就以多变量形式创建。想在批量上传时进行此操作，请找到 SellerSKU 和 AssociatedSKU 两栏，为产品填写特定的 SKU ATTRIBUTES。来到 AssociatedSKU 一栏，请选择某一个 SellerSKU，比如将最小尺码的 SKU 复制粘贴到 AssociatedSKU 一栏创建多变量。对于有 SKU ATTRIBUTES 的产品，除 SellerSKU 外，所有填写的区域必须一致，价格和库存可以不同（注意：若 SKU ATTTRIBUTES 为"颜色"，图片可以不同），否则将无法上传成功，如图 5-32 所示。

图 5-32　批量上传模版 - 创建多变量

2. 如何批量上传产品图片

商家需要在产品图片对应列填入产品图片的 URL 链接，如图 5-33 所示，有效的产品图片链接是可以在网页中打开并显示该图片的，无效的图片 URL 链接或不正确的图片尺寸都会导致批量上传错误。

图 5-33　批量上传模版 - 图片 URL 链接

在批量上传时，产品图片为选填，但是没有图片的产品不会被审核。商家可以先批量上传产品内容（不包含图片），然后在商家中心手动添加图片。

通过路径"Seller center → Products → Manage Image"从本地文档上传图片，如图 5-34 所示。

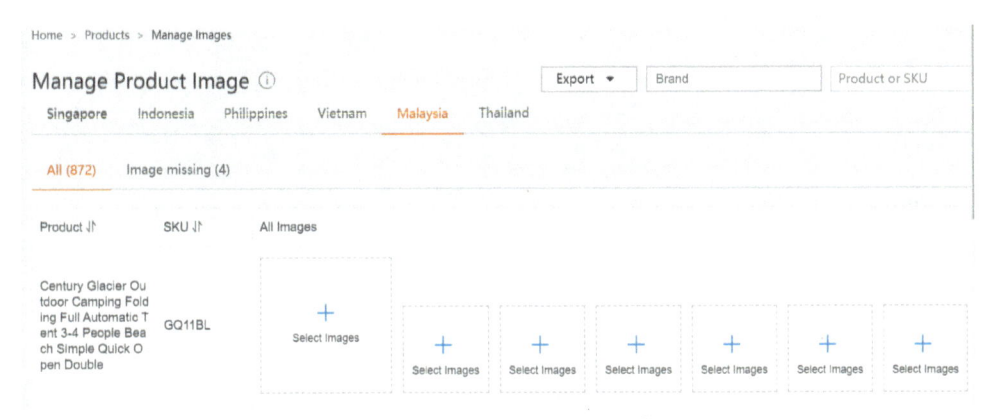

图 5-34　从本地文档上传图片

5.2.3 GSP 页面批量上传

如图 5-35 所示,通过路径"Products → Manage Global Products"登录 GSP。

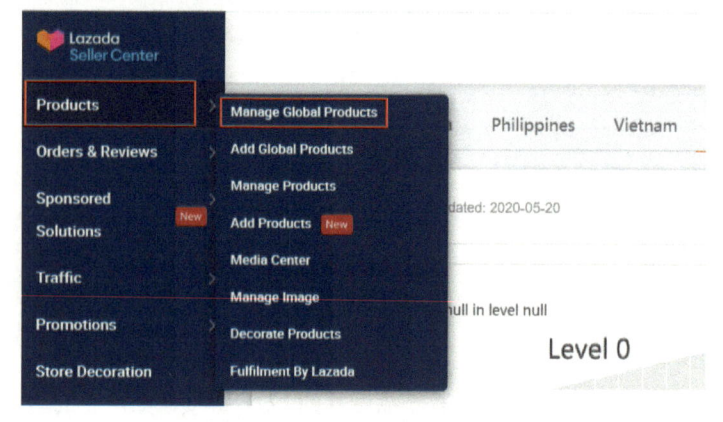

图 5-35 通过 Home 界面进入 GSP 管理产品

选择"All Products"选项卡,如图 5-36 所示。

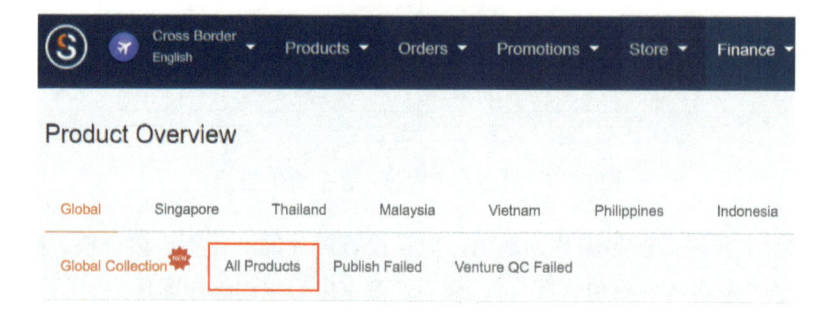

图 5-36 GSP 产品管理界面 - 所有产品

点击"Import"按钮,如图 5-37 所示。

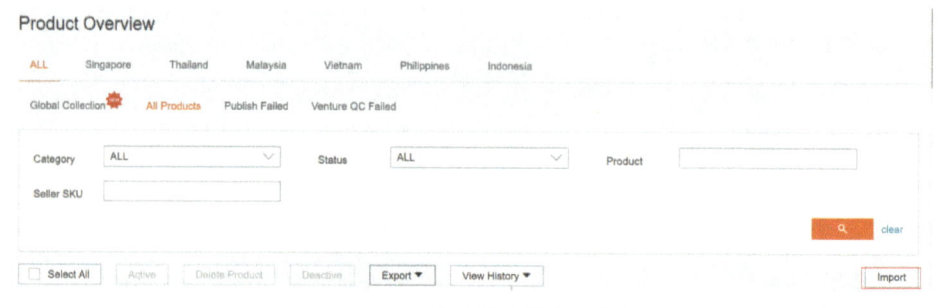

5-37 GSP 产品管理界面 - 导入

GSP 批量创建与 ASC 的步骤一致。

第6章
Lazada物流介绍和定价技巧

6.1 Lazada物流介绍

6.1.1 Lazada 跨境物流服务

对于中国的跨境卖家，目前 Lazada 平台仅开放 Lazada 跨境物流的物流方式，即卖家出单后，包裹需要先运送至 Lazada 在中国的分拣中心，再由 Lazada 物流部门完成从分拣中心到目的地国家的国际货运及清关工作。清关完成之后，包裹最后一公里的配送则是由 LEX（即 Lazada Express，隶属于 Lazada 公司的物流服务商）或者 3PL（第三方物流公司）来完成，如图 6-1 所示。

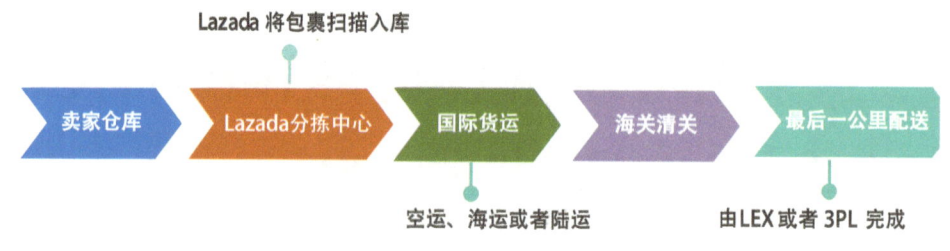

图 6-1 Lazada 跨境物流服务流程

6.1.2 Lazada 跨境物流的优势

与卖家自己联系第三方物流的发货方式相比，Lazada 跨境物流主要有以下 5 方面的优势。

（1）Lazada 跨境物流对于新手卖家来说，操作简单，易于理解。

（2）通过国际段的集运和 Lazada 安排的当地物流配送，Lazada 帮助卖家降低了物流成本，使得跨境卖家的产品价格在海外市场更有竞争力。

（3）Lazada 提供可视化的物流查询系统，让卖家和买家清楚地看到包裹的实时状况，优化了买家的体验，简化了卖家收到物流询问时的客服工作，从而帮助卖家提高销量。

（4）对于投递失败的包裹，除新加坡站点外，如果产品在 28 天之内二次销售成功，Lazada 免费为卖家提供配送服务，减少了卖家因投递失败而产生的损失。

（5）当物流渠道受到东南亚各国当地政策变动的影响时，Lazada 会第一时间通知卖家，并积极地为卖家提供对策，协助安抚买家并解决问题，减轻了卖家跟踪各国政策和应对突变的负担。

6.1.3　Lazada 物流禁运政策

Lazada 物流禁运的货物，主要分为以下 10 类。

（1）食品类：生鲜产品类、饮料类、食品肉类、烟草类等。

（2）动植物类：动植物产品、需进行动植物检疫的种子和植物提取物等。

（3）文化产权：电子书、证件、货币、邮票、地图、信用卡和借记卡、彩票。

（4）仿品/侵权/无授权产品类等。

（5）医药化工：医药用品类、骨灰盒、酒精类、毒品类、放射性/感染性物品类、化学物品类、电子烟及电子烟配件等。

（6）不稳定性状：粉末颗粒状物品类、高密度货物（X 光安检机无法透视）、压缩气体类、空气压缩球类产品（篮球/足球/乒乓球等）、强磁铁类（如磁铁等）、液体类。

（7）易燃易爆：打火石、打火机、灭火器、电容、油类、指甲油等含酒精的易燃液体、牙粉、压缩气体、喷雾、摩斯类喷剂、密封金属罐等；受管制的各类危险物品。

（8）武器类：攻击性的物品（如铁手撑、警棍、电击器、刀斧、匕首、弹弓、剑、弹弓、弓箭、电击棒、甩棍等）、枪支配件（瞄准镜、枪脚架、消音器、子弹、弹夹等）、刀具尖锐物（剪刀、刀片、水果刀、特种螺丝刀等）；描述上有武器类关键词的物品。

（9）电池类：充电宝/移动电源（手机充电宝、手机充电夹背、太阳能充电箱、马达、疑似电池等）、大电池（用于平衡车、折叠电动车、吸尘器的，带有多组电池或容量超过 100WH 的）、发声/发热/发光/发震物品（如减压按摩机、启动的手电筒、启动的剃须刀等注意将电池独立包装或者绝缘包装）。泰国站开通陆运物流方式后，可以申请白名单，运输电池类产品。

（10）各国政策禁止运输的产品：各国对于禁运产品有特殊的规定，例如扬声器和音响，在泰国和越南是禁运产品，但是在其他国家没有限制。

6.1.4　Lazada 分拣中心

Lazada 在中国共有两个分拣中心，分别位于深圳和义乌，在 Lazada 店铺后台中的代码分别为 LGS-FM40（深圳分拣中心）和 LGS-FM41（义乌分拣中心），如图 6-2 所示。

Lazada官方跨境电商运营全书

图 6-2 店铺后台分拣中心代码

卖家出单后，可以自行把包裹送至分拣中心，也可以通过快递把包裹送至分拣中心。分拣中心地址和工作时间如图 6-3 所示。

分拣中心	地址	收货时间	操作时间
深圳分拣中心	深圳市宝安区福永塘尾高新开发区福围一路德的工业园8栋	星期一至星期日 9:00-20:00	星期一至星期日 白班：11:00-20:00 晚班：20:00-08:00
义乌分拣中心	义乌市义乌国际陆港物流中心四海大道与弘贸路交叉口（盛辉义乌物流园区分拨中心二楼）	星期一至星期日 8:00-20:00	星期一至星期日 12:30-21:30

图 6-3 分拣中心地址和工作时间

卖家在店铺审核通过之后，在上架产品之前，首先要检查店铺每个站点的物流方式分配是否正确。如果一个或者多个站点的运输商代码有错误或者缺失，卖家需要在店铺后台点击右上角的菜单提交工单进行修改。Lazada 客服人员在收到工单后，会通过卖家注册店铺时预留的邮箱联系卖家解决问题。客服工单入口如图 6-4 所示。

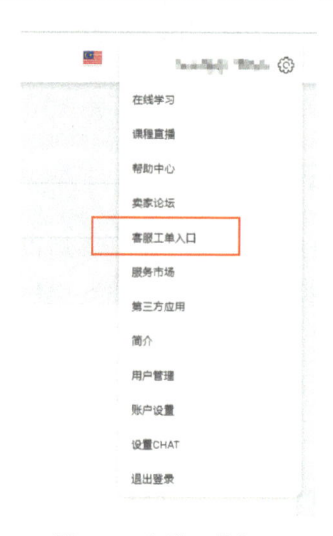

图 6-4 客服工单入口

6.1.5　Lazada 上门揽收服务

Lazada 为以下地区的卖家提供上门揽收服务，如表 6-1 所示。

表 6-1　Lazada 上门揽收服务覆盖地区

省份	城市	覆盖地区
广东	深圳	罗湖区、福田区、南山区、宝安区、龙岗区、盐田区、龙华区、坪山区、光明区
	东莞	东城街道、茶山镇、企石镇、桥头镇、东坑镇、横沥镇、常平镇、虎门镇、长安镇、沙田镇、厚街镇、寮步镇、大岭山镇、大朗镇、黄江镇、樟木头镇、塘厦镇、清溪镇、凤岗镇
	广州	越秀区、海珠区、荔湾区、天河区、白云区、黄埔区、番禺区、花都区、增城区
	佛山	南海区、三水区
浙江	杭州	滨江区、萧山县、拱墅区、江干区、上城区、下城区
	金华	义乌市、东阳市、浦江县、兰溪市

如果卖家的地址在上表的范围内，卖家可以通过提交工单来申请开通上门揽收服务。Lazada 的上门揽收服务时间为周一至周日 10:00—20:00。Lazada 允许多个卖家联合申请同一个提货地址。以下 3 个条件将影响申请结果。

- 卖家是否接受接送时间的安排。
- 提货地址是否在服务范围内。
- 当前是否有空闲的揽收货车可用。

上门揽收服务是一项免费的增值服务，Lazada 每个季度都会进行独立评估。自 2019 年 10 月 1 日起，评估周期将从每季度的第一个月开始，Lazada 会依次检查卖家每个月的平均订单量。如果当季度连续两个月的月订单数小于 50 单，Lazada 会在第三个月月初发邮件通知卖家。与此同时，Lazada 将继续提供上门揽收服务。当季度第三个月月底如果卖家日均订单数量依然达不到 Lazada 的要求，Lazada 将发邮件告知卖家，卖家使用上门揽收服务的资格会在两周内被撤销。

6.1.6　产品包装和面单规范

卖家在打包产品和贴面单时，要注意以下要求。

包裹的重量限制：重量 ≤ 20kg。

- 包裹的体积限制：长 + 宽 + 高 ≤ 300cm。
- 请使用非透明的塑料袋打包产品，包装要保护好产品，且不易破损。

- 如果包裹中有尖锐物品，请使用纸箱作为包装材料。
- 面单要平整贴在包裹上，保证条形码清晰可见，能够进行扫描。
- 包裹中要根据需要放置填充物，防止包裹被挤压变形。
- 面单上的条形码要清晰、完整，不要被遮挡、涂画或者用胶带覆盖条形码，以免影响扫描。
- 如果卖家使用快递把包裹寄到分拣中心，请不要把国内快递面单和国际面单都贴在同一层包裹上。把国际面单在包裹上贴好后，请再使用快递袋或者纸箱进行二次包装，在外面贴上国内快递面单。

面单的打印流程如下。

（1）在"管理订单"界面，找到需要打印面单的订单，如图6-5所示。

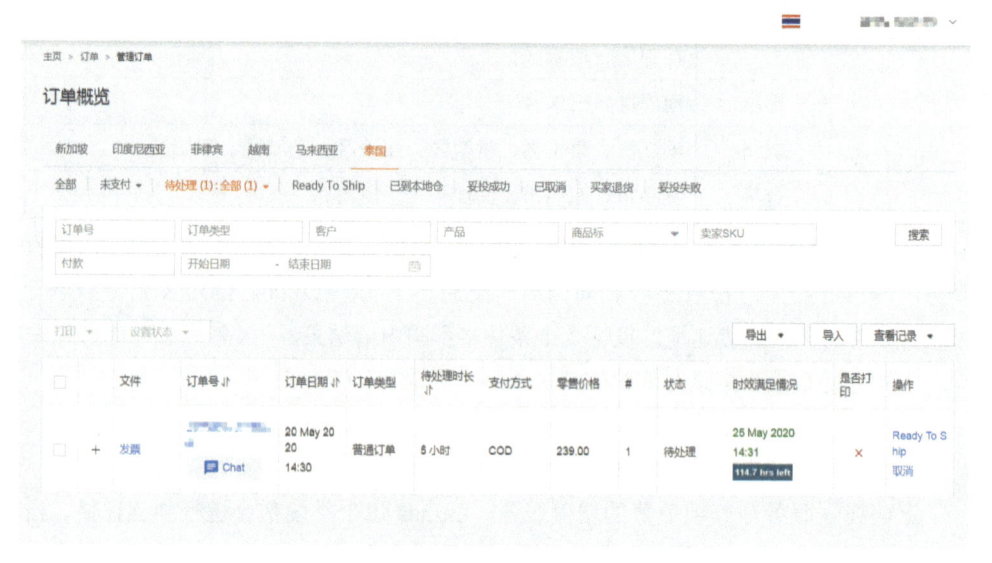

图6-5　管理订单界面

（2）勾选订单左侧的选项框，并点击"打印所选商品的发货标签"链接。如果一个订单中含有多个产品，售价总和超出所在站点的免税额，或因库存原因，多个产品无法用同一个包裹发出的，可以逐个产品打印面单，这样该订单会被拆成多个包裹。如果同一个订单的多个产品，可以使用同一个包裹发出，应当勾选订单中所有产品来打印面单，如图6-6所示。

第6章　Lazada物流介绍和定价技巧

图 6-6　打印所选商品的发货标签

（3）根据卖家所要发往的分拣中心，选择配送提供商代码，如图 6-7 所示。

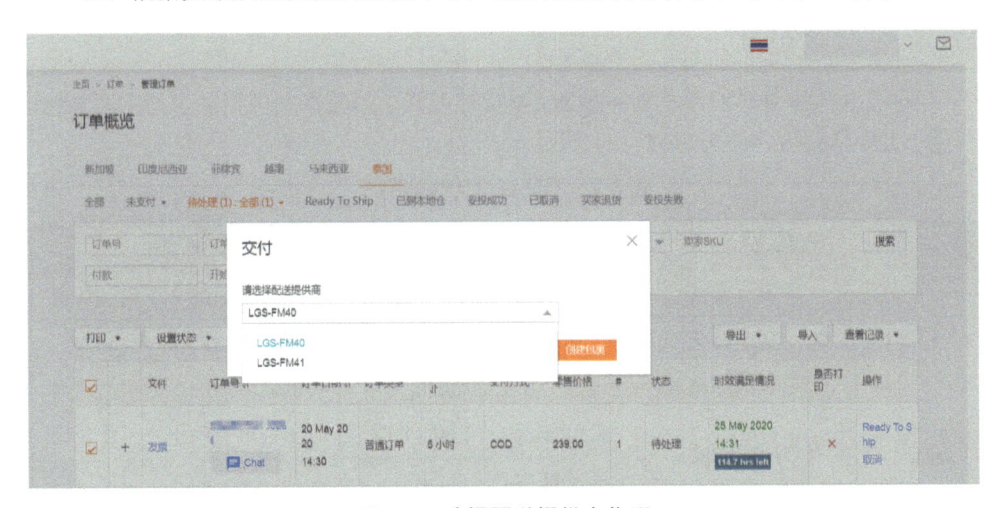

图 6-7　选择配送提供商代码

（4）点击"创建包裹"按钮，即可生成面单，打印出来，如图 6-8 所示。

图 6-8　面单打印界面

6.1.7　订单处理时效

表 6-2 是卖家处理订单的时效要求。发货延迟订单的比重是店铺表现的重要指标，各位卖家在运营中一定要重视。

表 6-2　不同订单的时效要求

卖家类型		订单状态	时效要求
非 LazMall 卖家	所有卖家	"Ready to Ship"（RTS）	收到订单后的 2 个自然日内
	全球精选产品	分拣中心 Scan in	收到订单后的 72 个小时内
	非全球精选产品	分拣中心 Scan in	收到订单后的 5 个自然日内
LazMall 卖家	所有卖家	"Ready to Ship"（RTS）	收到订单后的 1 个工作日内
		分拣中心 Scan in	收到订单后的 3 个工作日内

6.1.8　Lazada 逆向物流政策

1．买家退货政策

买家收到包裹后，选择实际退货原因可以免费退回商品（非 LazMall 产品 7 天内可以退货，LazMall 产品 15 天内可以退货）。买家退回的物品会直接进入退还给卖家的环节，均不做二次销售。以下为买家退货的处理过程。

（1）仓库会对买家退回的产品做质检，未通过质检的产品会退还给买家。通过质检的产品会进入退还给卖家的环节。

（2）所有站点（越南除外）商品价值>10美元的产品会退还给卖家，商品价值≤10美元的产品会被仓库处置掉。使用泰国陆运服务的商品，均不退回给卖家。

（3）退回给卖家的产品会首先运到Lazada香港仓。以下3种情况的产品需要卖家到香港仓自提。其他产品会免费退回到卖家仓库。

①商品价值>100美元。

②商品长宽高三边总和>150cm。

③商品重量>3kg。

2. 配送失败产品二次销售政策

包裹到达目的地所在国家后，一个包裹最多有3次派送机会。派送失败的产品，会退回到当地的Lazada仓库，Lazada会进行质检。质检包括以下流程。

（1）对比订单、商品描述页面详情。

（2）是否有商品质量问题。

（3）是否符合货物描述（描述/图片/商品规格/颜色）。

（4）是否是错误商品。

（5）是否丢失零部件或部分货物。

（6）商品标配的包装盒子是否完好无损。

（7）是否属于禁限运类别（禁限运类别产品会直接被认定质检不合格）。

未通过质检的产品会报废，通过质检的产品则可以进入二次销售环节。其中，新加坡派送失败的商品不会进入二次销售环节，配送失败产品全都进入退还给卖家环节。

（1）二次销售指的是：在28天内，如果派送失败的产品再次售出，Lazada会把该产品派送给买家。越南站点派送失败产品的二次销售期限为60天。

（2）二次销售的产品不收取国际运费和最后一公里的运费。

（3）如果二次销售的商品再次妥投失败，则不会再次进入二次销售的环节。

（4）如果二次销售失败，产品会进入退还给卖家的环节。具体处理标准请参照前文的退还给卖家环节的处理标准。

（5）在越南配送失败的商品，如果二次销售失败，将不会退还给卖家，由Lazada仓库销毁处理。

（6）卖家每周会收到一封带Excel文档的邮件，文档中包含的信息有：上周因派送失败和买家退货已从6个站点安排退回香港的商品，以及当地就地处置的商品。

6.2 Lazada定价技巧

6.2.1 成本计算

跨境卖家需要具备清晰的成本意识。本小节将为大家列举常见的成本事项，起到抛砖引玉的作用，但是不一定适用于所有情况。

采购费用：即卖家采购产品产生的成本。如果卖家是通过网络采购产品的，还要把产品邮寄的运费考虑在内。

包装成本：可以通过统计一段时间内（如一个月）包装材料产生的总费用，取平均数用于定价计算。

国内快递费用：如果卖家需要将产品快递至Lazada分拣中心，则需要把快递的费用计入成本。

国际物流费用：在Lazada集运方式下，国际段的物流费用需要卖家承担。卖家需要参照Lazada官方发布的最新的费率卡，根据产品的包裹重量计算出国际段物流费用，并计算进成本。

Lazada佣金及付款费用如下。

1）Lazada佣金费率

以下类目佣金费率为1%：音响；无人机配件、无人机；相机拍摄工具（单反、小工具和其他相机、即时照相机、瞄准射击摄像头、安全摄像头和系统、视频和动作摄像机）、台式电脑、笔记本电脑、手机、平板；打印机、扫描仪、传真机；墨水、墨汁、油墨；智能手表；电视机；激光指示器；词典和翻译；电子香烟；金属探测器；通用充电器；对讲机。

其他类目佣金费率为4%。

2）付款费用

印度尼西亚：付款费用=（产品售价－卖家优惠）×1.82%×（1＋增值税税率）

除印度尼西亚外其他国家：付款费用=（产品售价－卖家优惠＋买家支付运费金额）×2%×（1＋增值税税率）

以下为2020年6月各国增值税征收标准。

马来西亚：6%增值税（额外征收）。

泰国：7%增值税（额外征收）。

菲律宾：12%增值税（额外征收）。

印度尼西亚：10%增值税（额外征收）。

越南：10%增值税（额外征收）。

新加坡：不征收增值税。

3）提现费用

因为卖家使用的收款方式不同，提现费用的比例也不同，例如，目前使用派安盈（即 Payoneer，一家跨境支付数字平台）收款，会有 1% 的入账手续费和 2% 提现费用，合计为 3%（收费率仅供参考，具体收费率请查询收款平台官网）。计算提现费用公式如下。

派安盈提现费用 =（产品售价 – 国际段运费 – 佣金）× 3%

6.2.2 利润计算

1. 毛利率

在完成成本计算后，卖家可以根据自己的定价策略，按照比例把利润加到产品的售价里。公式如下。

产品售价 = 产品成本 ×（1 + 毛利率）

2. 促销降价空间

根据毛利率计算出价格后，还要考虑产品的降价空间。在店铺运营中，我们会把一部分产品提报促销活动。例如，一款产品计划提报促销活动，并降价 20%。为了保证这款产品的毛利润不受影响，上架时需要调整售价。

产品售价 = 产品成本 ×（1 + 毛利率）/（1−20%）

另外，卖家可以根据自己店铺中设置的包邮条件，以及多件多折的条件，把给买家的优惠计算进产品价格。例如，某店铺马来西亚站点包邮条件为：两件包邮，包邮上限 4 林吉特。那么设置了两件包邮的产品，平均每件的价格要加上 2 林吉特，来弥补包邮减少的利润。

3. 退货率和配送失败率

卖家可以根据自己过去一段时间内（如一个月）配送失败且二次销售失败的订单数量，以及买家退货退回到卖家仓库的订单数量，来计算因买家退货和配送失败且二次销售失败产生的成本，公式如下。

买家退货和二次销售失败比例 =（配送失败且无法二次销售的订单数 + 买家退货退回到卖家仓库的订单数量）/ 订单总数

这个比例，在计算采购费用、包装费用、国内快递费用和国际物流费用以及付款费用时都要考虑在内，因为这些订单的付款费用和国际物流费用是不会退还给卖家的。例如加入这个比例后的采购费用公式如下。

采购费用 = 采购产品的价格 ×（1 + 买家退货和二次销售失败比例）

6.2.3 各国免税额

卖家在给产品定价和发货时，一定要注意各国的关税条款。目前各国的关税是根据包裹的申报价格来向卖家征收的。申报价格计算方法如下。

申报价格＝包裹中商品当天在 Lazada 前台展示的售卖价－卖家折扣（多件多折，优惠券不含 Lazada 平台优惠券）

如果包裹的申报价格超过目的地国家的进口金额上限，将会被分拣中心拦截，导致订单被取消。各国进口包裹申报价格上限如下。

泰国：39,000 泰铢

印度尼西亚：15,000,000 印尼卢比

越南：1,000,000 越南盾（个别类目除外，卖家如果想了解具体哪些类目不受限制，请联系行业小二）

新加坡／菲律宾／马来西亚：暂无上限。

关税的征收标准如表 6-3 所示。

表 6-3　不同国家的关税征收标准

国家	征收标准
印度尼西亚	全部由买家承担
马来西亚	如果商品申报价格≥500 林吉特，征收税为 10%
菲律宾	不征税
新加坡	如果商品申报价格≥400 新加坡元，征收税为 7%
泰国	如果商品申报价格≥1,500 泰铢，征收税为 30%
越南	如果商品申报价格＞1,000,000 越南盾，征收税为 10%，另外从中国到越南航线的每个包裹将额外收取 71,500 越南盾

6.2.4 不同的定价策略

1. 引流产品

为了给店铺带来更多的流量，带动店铺其他产品的销售，卖家需要在店铺中上架有价格优势、性价比高的引流产品，并将之放到店铺的首页加以曝光。这些产品能够吸引买家到店铺中浏览产品和下单。此外，引流产品对于积累店铺粉丝、不断

提升店铺的权重和表现也有很大的帮助。

因为引流产品的主要作用是吸引流量，所以卖家在定价时，不要追求单个产品的利润，而应把价格尽量做到平台最低价，具体价格区间可以参照各站点的价格情况而定。卖家可以通过优化自己的供应链，依托可靠的供应商，来提供价格有竞争力的引流产品。

建议各位卖家在店铺中，至少设置 20% 的低价引流产品。如果一款产品有多个款式，卖家可以把其中一个款式的价格设置比其他款式低 5%—10%，这样既可以吸引流量，又能够保证利润。

2. 平价产品

卖家在给平价产品定价时，需要考虑产品在 Lazada 平台上的平均价格。卖家可以通过在 Lazada 前台网页的搜索结果，来对比同类产品的价格。店铺内的平价产品定价，既要保持和同类产品的价格在相似水平，又要保证产品的利润符合卖家的预期。

3. 利润产品

利润产品的定价，不必追求低价，卖家要全面考虑本章提到的成本问题，根据自己的规划，用高于引流产品和平价产品的利润率来定价。

为了提升利润产品的销量，卖家需要通过保证产品的质量以及提高售后服务水平，来提升买家的体验，把利润产品打造成为店铺中的明星产品，同时卖家需要不断积累好评，优化供应链，并不断开发新的变体，延长利润产品的生命周期。

另外，在利润产品的促销设置上，建议卖家设置单个产品就可以包邮，并且设置满减优惠来提升买家的购买欲。卖家要把包邮和满减优惠的成本也计算到利润产品的售价中。

卖家通过不同的定价策略，既可以为店铺带来足够的流量，又能够保证店铺运营的利润。

第7章

客服指南

7.1 Lazada客服职责

众所周知，在运营店铺中扮演最关键角色的就是客服（Customer Service）了。不管国内电商还是跨境电商，都必须知道一个合格的客服需要承担哪些职责。

在 Lazada 的店铺运营中，一位合格的 Lazada 客服需要在运营中为客户解决以下问题。

7.1.1 了解产品相关信息，熟悉店铺活动规则

作为一名合格的客服，最基础的能力便是熟悉店铺内产品相关信息、自营活动政策。客服是买家接触的第一个人工服务，是买家和店铺的重要纽带，一旦这个纽带无法起到连接的作用，店铺也许就会永远失去该客户。所以我们的客服要对产品的特征、功能、注意事项、店铺正在进行的活动内容了如指掌，这样才能流利地解答客户对商品的各种问题，正确引导消费者购物。

了解产品相关信息，熟悉店铺活动规则的益处有：节省沟通成本、提高消费者购物体验、提高转化率、降低产品差评率。

7.1.2 为客户解决售前问题

因为网页中所呈现的产品信息依旧无法让人完全信服，并且 Lazada 所针对的东南亚六国语言文字上并不统一，也就导致了更多的客户无法全面了解商品的属性，客户的困扰因此变多，那么店铺必将面临更多的客户问题，此时客服在商品销售前要耐心为客户解答问题，使用客户的语种解说商品属性、购买方式、优惠券使用、售后保障、运输时间、店铺优惠政策等。

解决售前问题的益处有：提升店铺黏性、拉近与客户的距离、更好地为店铺积累粉丝、提高产品转化率、减少退换货概率、避免不必要的差评。

7.1.3 为客户处理售后问题

尽管我们在售前问题上已经耐心解说，但是难免会有直接购买的客户，随之会在客户签收以后，出现商品不合适、产品有瑕疵等问题，客户会找到店铺申请退换货。此时客服应当言语和善，积极处理退换货的问题并把退换货数据记录下来。当然也会出现商品其实是好的，但是因为客户错误的使用导致客户申请售后的情况，客服也需要耐心解释，引导客户正确使用商品。

处理售后问题的益处有：规避差评、维护店铺形象、维持商品权重。

7.1.4　为客户及时处理店铺评论

在 Lazada 中，一条 Review（评论）能给 Listing（产品链接页）带来非常大的影响，积极的评论可以提高这条产品链接的转化率，消极的评论会大大降低此条链接权重，从而降低转化率，所以客服必须时刻关注店铺中产品的评论，对于好的评论，客服要做出积极回应，对于不好的评论，客服也需要及时询问客户并及时处理，Lazada 中买家可以修改评论，客服及时针对差评原因做出处理，可以降低差评带来的影响。

及时处理店铺评论的益处有：减少差评、增加商品权重、提高与客户的黏性和客户的复购率。

7.1.5　为客户处理订单其余事项

我们在处理订单的过程中通常都会碰到客户需要发票收据、包装、退换货、补发配件等要求。一般来说客服是不需要去库房的，但是如果碰上订单特别多的情况，客服就需要亲自上阵协助库房打包人员完成订单的事项处理了。

处理订单其余事项的益处有：减少差评、减少退换货产生的成本、提升客户购物体验。

7.2　Lazada客服技巧

如何使用后台功能落实客服职责呢？下面就为大家介绍 Lazada 中的客服技巧。

7.2.1　聊天室的信息

如图 7-1 所示，我们登录到店铺的 Lazada 后台，右下角"Chat"会显示未读的信息数量（图中显示为 3 条客户信息未查看），如果没有数字，说明没有未读的客户信息，点击就可以进入与客户的聊天列表。

图 7-1　聊天室

当然进入聊天室之后，如图 7-2 所示，可以清楚看到我们的会话框也被划分成了两大板块。"全部"即客户会话框总数；"未读"即未读客户会话框数。注意，这里的数字表示会话框个数而不表示信息数。

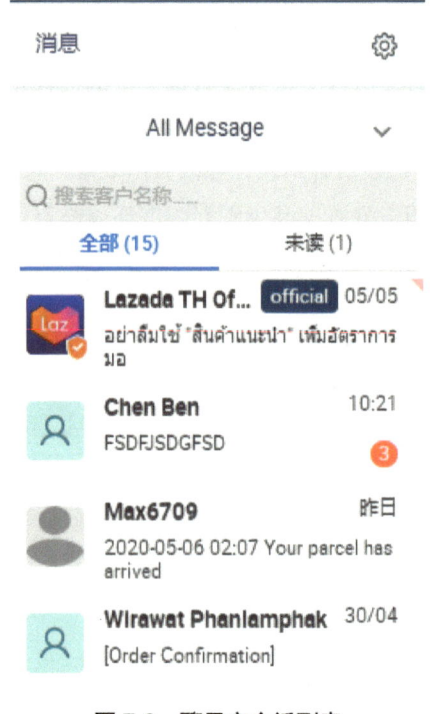

图 7-2　聊天室会话列表

7.2.2　常见买家问题及应答技巧

1. 如何应对买家询问物流信息

如图 7-3 所示，我们来到聊天室右侧 Customer（客户）板块，点击"Check Logistics Detail（检查物流明细）"链接就可以查询该客户订单物流明细，如图 7-4 所示。当然这里要注意，如果该客户之前也在同一店铺中下过订单，也是会出现在这个板块中的，切记点击符合客户要求的订单的物流明细，可以通过观察 Order Status:Delivered（订单状态）和 Order ID（订单 ID）来检测是否查询正确的订单。

第7章 客服指南

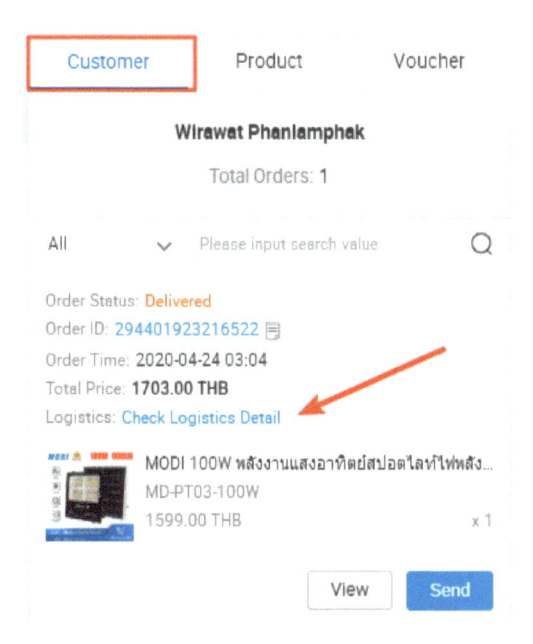

图 7-3 聊天室客户列表

图 7-4 订单物流详情

2. 如何向客户推送店铺内商品

如图 7-5 所示，在聊天室右侧点击"Product"（产品）链接，列表所呈现的就是店铺上传成功的商品，我们点击"Send"（发送）按钮就可以把该商品的售卖链接发送给该客户，学会推送店铺商品可以精准引导客户购买。

083

图 7-5 聊天室产品列表

3. 如何向客户发放店内优惠凭证

如图 7-6 所示，在聊天室右侧点击"Voucher"（凭证）链接，就会出现店铺内所有类型优惠凭证（活动凭证、收集凭证以及代码凭证），我们可以根据不同消费者使用凭证的习惯，发放不同类型的凭证，可以通过点击"Send"（发送）按钮实现，从而来激发客户的购买欲。

图 7-6 聊天室凭证列表

7.2.3 如何设置 Chat

在店铺中设置 Chat 聊天是一个非常重要的技巧，设置好 Chat 可以节省沟通成本，减轻客服压力，提高店铺消息回复率和消息回复时间的指标分数。那么如何设置 Chat 呢？如图 7-7 所示，通过路径"我的账户→设置 Chat"，就可以对 Chat 进行设置了。

1. 快速回复设置

设置快速回复是快速提高我们回复时间最有效的办法，如图 7-8 所示，我们可以把店铺中需要多次使用的话术设置成为快速回复短语，从而更有效地服务客户，缩短回复时间。

第7章 客服指南

图 7-7 点击"设置 Chat"

图 7-8 快速回复

设置完成以后我们就可以进入聊天室看到如图 7-9 所示的快捷用语了，点击需要的快捷用语就可以发送了。

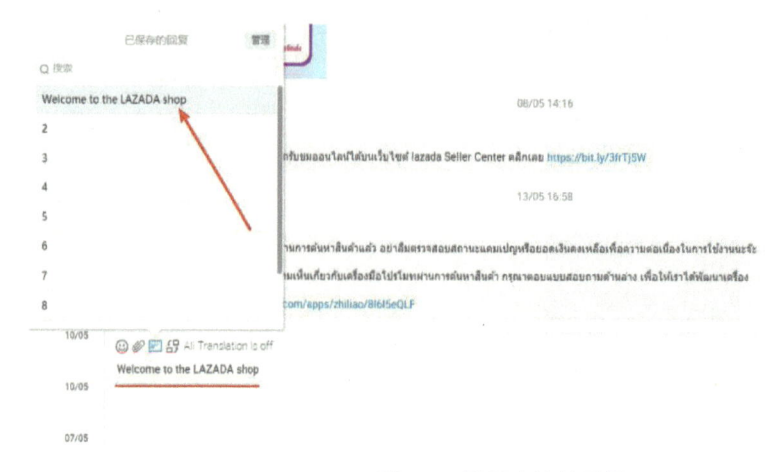

图 7-9　聊天室快捷用语

以下是几个常见的快速回复设置参考。

（1）Hello, we are online and happy to serve you. Is there anything that can help you?（您好，我们在线，乐意为您服务。有什么可以帮助您的吗？）

（2）Hello, I am happy to serve you. The product you said is in stock and can be purchased. And enjoy free shipping activities policy.（您好，很高兴为您服务。您说的产品有现货，可以购买。并享受免费送货活动政策。）

（3）Thank you for purchasing our products, happy cooperation, and look forward to the next visit.（感谢您购买我们的产品，合作愉快，期待下次来访。）

2．自动回复设置

当店铺订单量增加时，每天客服都要接待大量的客户咨询，咨询量的增加给客服带来了压力，同时导致无法及时回复每一位客户，从而降低我们店铺的回复时间和回复率。我们都知道让客人多等待一分钟，客人都可能放弃购买。解决这个问题最好的办法就是设置店铺内自动回复。

（1）如图 7-10 所示，打开"自动回复"选项卡并选择"仅展示文字"选项，就可以在文字框中编辑自动回复文字了。

第7章 客服指南

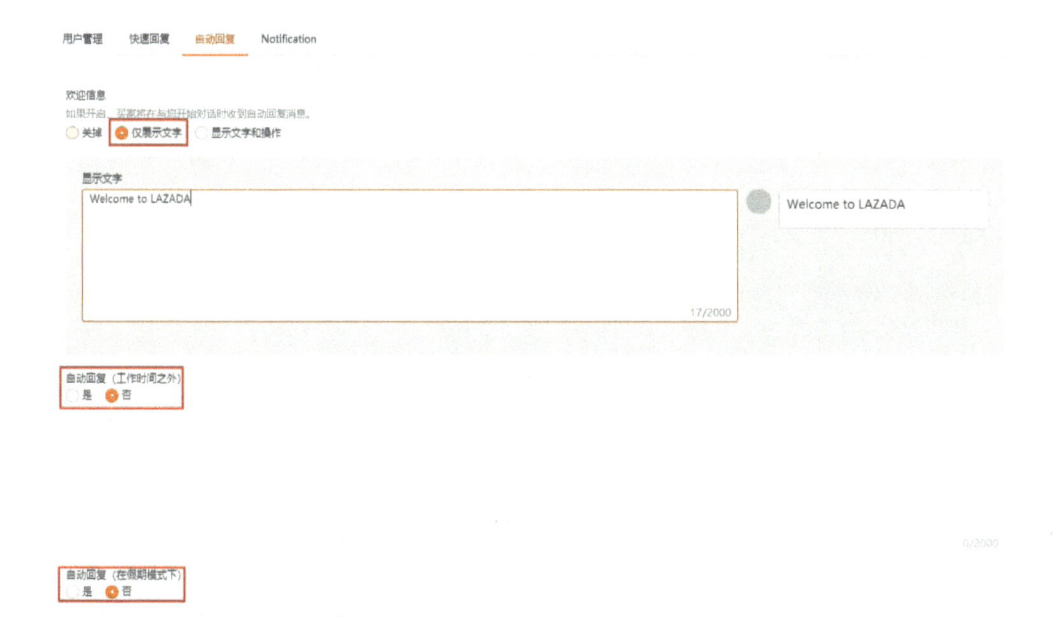

图 7-10 文字展示自动回复

接下来让我们看看店铺设置好"仅展示文字"自动回复的效果吧,如图 7-11 所示,客户只要发起与店铺的会话就可以立即收到店铺设置的文字回复了。

图 7-11 聊天室文字自动回复效果

(2)当然很多人不满足于一句简单的文字描述回复,如图 7-12 所示,我们还可以在文字回复上添加更多的操作回复,供客户选择性点击。我们可以把客户最常见的几个问题的答案整理出来添加到操作中,回复的形式如图 7-13 所示,可以是文字、图片、优惠券以及店铺关注邀请。

087

图 7-12 文字和操作自动回复设置

图 7-13 操作自动回复设置形式

下面讲解常见的各种形式操作回复设置供参考。

（3）如图 7-14 所示，是文字形式的回复设置，操作标题设置为"How to enjoy free shipping"（如何享受免费送货）。当客户点击此选项时将会自动回复所设置的"Buy any two items across the store and enjoy free shipping"（在商店中购买任意两件商品即可享受免费送货）。

图 7-14 文本形式操作回复设置

第7章 客服指南

（4）如图7-15所示，是图片形式的回复设置，操作标题设置为"Learn more about store activities"（了解有关商店活动的更多信息）。当客户点击此选项将会自动回复所设置的图片。

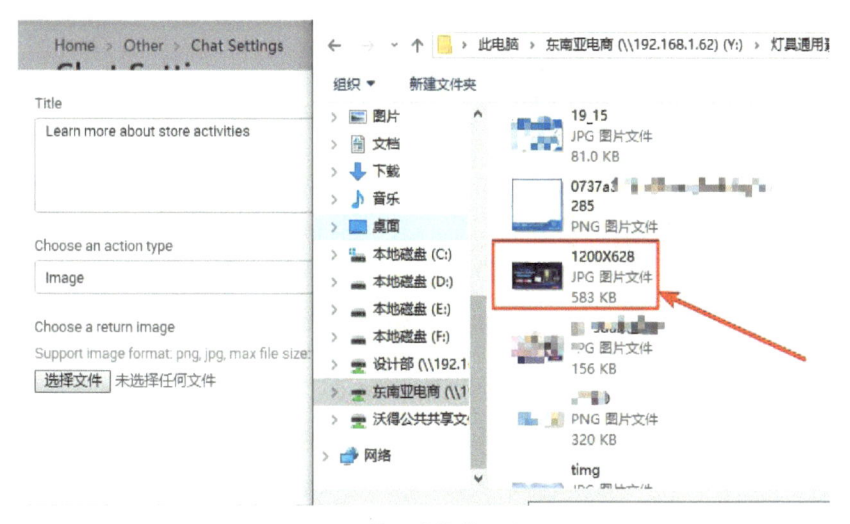

7-15 图片形式操作回复设置

（5）如图7-16所示，是优惠券形式的回复设置，操作标题设置为"Store minimum threshold coupon"（商店最低门槛优惠券）。回复设置可以选择店铺中任意一张优惠券。

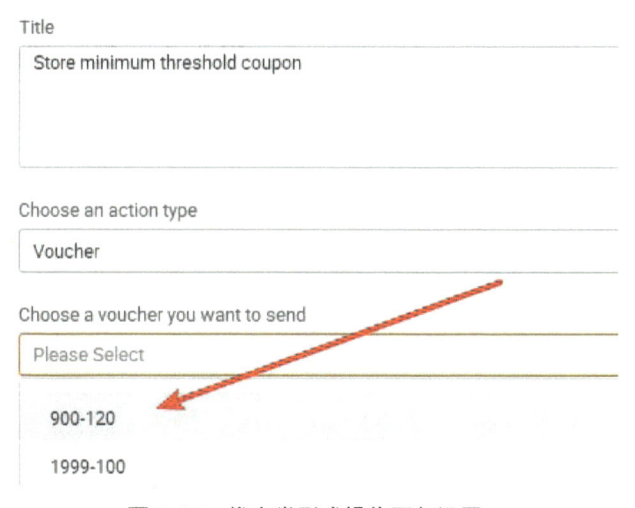

图7-16 优惠券形式操作回复设置

（6）如图7-17所示，是店铺关注邀请形式的回复设置，操作标题设置为"How to follow the shop"（如何关注店铺）。当客户点击此选项将会自动回复店铺关注邀请链接。

图 7-17　店铺关注邀请形式操作回复设置

如图 7-18 所示，让我们看看店铺设置好自动回复的效果。

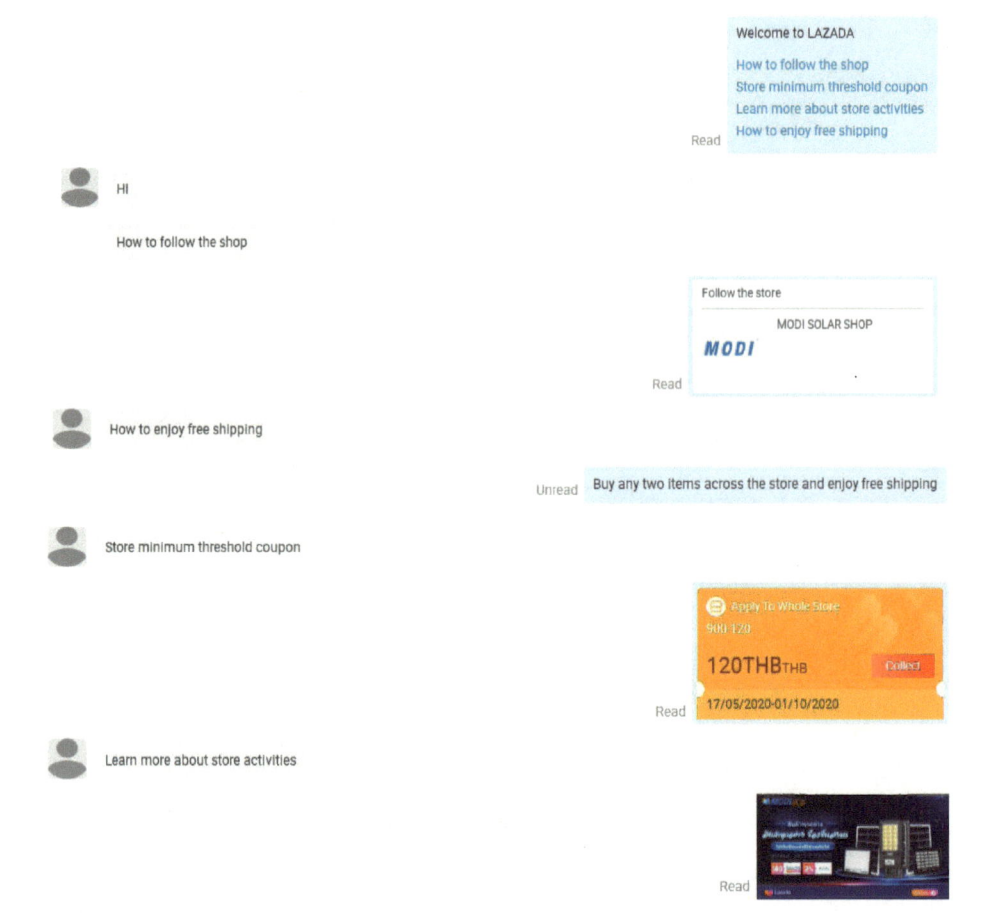

图 7-18　自动回复效果

7.2.4 客服催评和差好评处理技巧

1. 催评

客服应当在每个订单交付完成后进行一次催评动作。(催评的行为最好不要超过3次，否则会让客户反感。)

如图7-19所示，我们可以在订单界面选择"Delivered"(已交付)选项卡查看订单。然后选择倒序的查看方式(这样做可以避免查询混乱)，可以看到订单号下面有一个"Chat"(聊天)按钮，点击就可以直接进入与该订单客户的聊天室界面了。接下来，我们只要与客户沟通，尝试让他对商品进行积极评价即可。

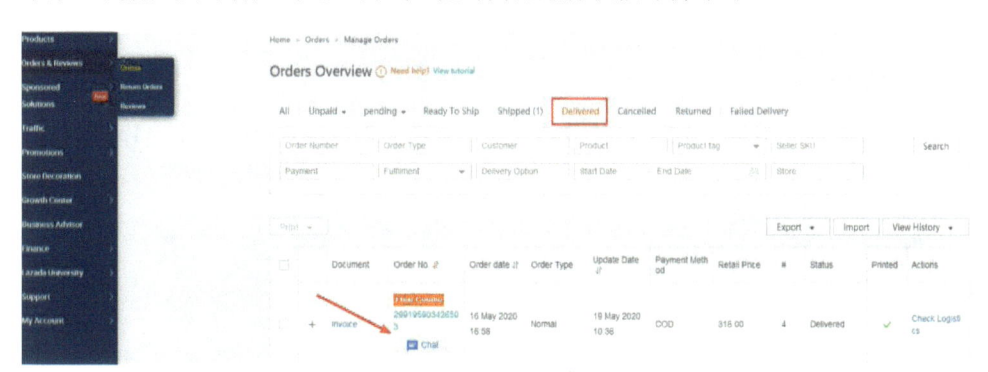

图7-19 订单界面聊天室进入方法

2. 差评和好评的处理技巧

客服应当在评论界面针对不同的评论进行不同的处理。

(1) 针对差评，客服可以点击"Chat Now"(现在聊天)链接，直接进入该订单客户的聊天室，询问客户差评原因，针对性地就差评给予解决方案，然后让客户重新编辑评论和定级。

(2) 如图7-20所示，针对好评，客服可以点击"Reply"(回复)链接，直接在该评论中留言，可以是感谢的话也可以就商品做出更好的售卖保证。

图7-20 评论回复和聊天室的进入

7.2.5 小语种服务提升

1．为什么要做小语种服务提升

（1）使用小语种的一般都是新兴的发展中国家，就东南亚来说，其为中国企业开拓海外市场创造了千载难逢的良机。东南亚地区 11 国人口总计约 6.39 亿人，GDP 总量达到 2.58 万亿美元，进出口总额约 2.3 万亿美元。

东南亚地区是中国开展贸易合作的主要区域。在这个背景下，利用小语种的推广就可以有针对性地针对这些地区做推广，从而提高转化的效率。

（2）英语虽然是世界通用语言，但是每个人还是对自己的母语更了解更感亲切，因此用小语种推广更能拉近与客户的距离，也体现以客户为中心的意识。

2．如何做提升

（1）在店铺方面，我们可以打开聊天室，如图 7-21 所示，点击"Ali Translation is on"（阿里翻译已开启）链接，自动把客户和卖家文字翻译成所选文字。

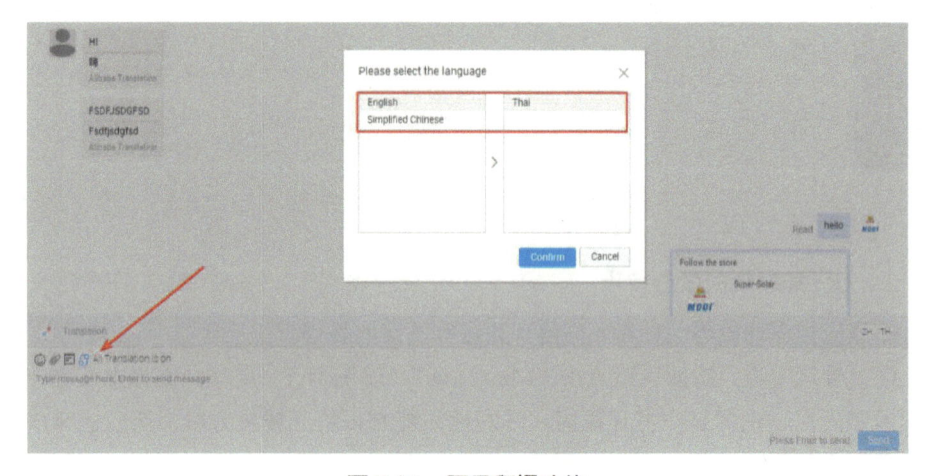

图 7-21　阿里翻译功能

（2）配备相应的小语种运营专员。我们可以通过招聘相应小语种专业的运营专员，解决语言上的沟通障碍，实现标题和详情页的本地化处理。

（3）使用外包的客服中心。随着东南亚电商的迅速发展，各类服务商也是纷纷加入其中，其中就包括小语种客服的外包项目。此方案虽然解决了降低沟通成本的问题，但是外包客服对店铺产品了解不足，无法深入挖掘潜在客户。

第8章

视觉营销

8.1 什么是视觉营销

视觉营销的英文是 Visual merchandising，归属营销技术的一种方法，更是一种可视化的视觉体验；指通过视觉达到产品营销或品牌推广的目的。

电商领域的视觉营销是结合店铺定位、产品结构、活动营销等因素的变化对店铺的结构、设计进行实时调整，从而增加店铺访问深度、消费者黏度，最终实现销售（购买）。

8.1.1 不仅仅是为了好看

电商视觉营销不仅仅是为了好看而做视觉设计。设计风格统一，注重视觉引导，注重易用性，突出产品、品牌及活动信息才是每个商家最应该重视的视觉营销策略和方案。

8.1.2 视觉营销的作用

视觉营销的作用是提升品牌形象、提升信任度、提升商品品质，增强消费者体验，增强易用性，增加店铺访问次数和停留时长。

8.1.3 视觉营销的目的

视觉营销的目的是促进产品（或服务）与消费者之间的联系，最终实现销售（购买）。

8.1.4 视觉营销的一个转化路径

（1）吸引目标：如图 8-1 所示，一个好的视觉营销设计能够让人瞬间产生好奇感，其中的元素有很多，比如情怀、创意、配色排版、文案、画面故事性等，独特的风格和视觉冲击力是吸引眼球最好的方式。

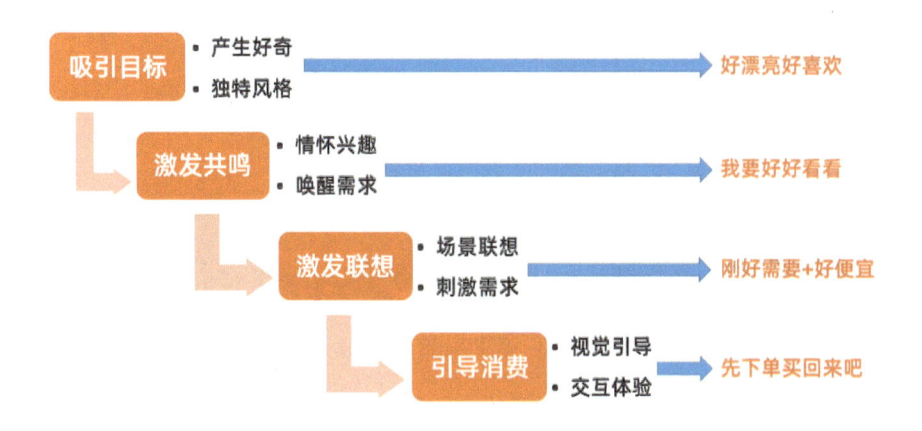

图 8-1　视觉营销转化链路

（2）激发共鸣：视觉营销不仅仅是为了好看，而是为了唤醒和激发消费者的兴趣使其去了解更多。让产品故事化，让产品有情怀，引发消费者情感共鸣是关键，如图 8-2 所示，支付宝会经常策划非常具有情怀的视觉营销图片和文案。

图 8-2　支付宝情怀广告

（3）激发联想：使用场景设计是视觉营销的关键，帮助消费者设定使用场景画面，如图 8-3 所示，户外运动品牌 AONIJIE 的横幅 Banner，就能让消费者感受到运动的状态。

图 8-3　AONIJIE Banner

（4）引导消费：作为视觉营销的关键作用，就是不要让消费者思考和决策的时间过多，主动引导消费者下单购买。如图 8-4 所示，配合营销工具组合使用，比如优惠券、包邮、多件多折组合购买等，其中客服起到非常重要的促单作用。

图 8-4　营销工具组合使用

8.1.5　视觉营销案例（Lazada 平台）

（1）ZNT 品牌——3C TOP 品牌商家（如图 8-5 所示）。

（2）ZANZEA 品牌——服装 TOP 品牌商家。

（3）O.TWO.O 品牌——美妆 TOP 品牌商家（如图 8-6 所示）。

（4）Carote 品牌——家居 TOP 品牌商家。

图 8-5　ZNT 商品主图　　　　图 8-6　O.TWO.O 商品主图

8.2 店铺定位

店铺定位是每个商家起步做店铺前必须要考虑清楚的事情，简单地说就是每个商家在开始做店铺之前，要想好自己店铺到底经营什么产品？为什么经营这类产品？自己具备哪些优势？其实这个问题涉及的就是选品范畴，准确地说应该叫做选类目选行业。

只有前期定位明确，后期才知道自己要什么，该怎么说，不同的定位、不同的产品，经营策略有很大的区别，商家们可以从以下3点展开思考。

8.2.1 人群定位

目标人群的定位决定产品定位、店铺定位，这会涉及到性别、年龄、社会层次、兴趣爱好、消费能力、生活习性等方面，也就是说我们到底将商品销售给谁的问题，也可以说我们的商品是服务于哪一类消费者，比如说定位户外运动人群，我们就能够很明确地知道户外运动人群需要的产品有哪些，如运动服饰、越野背包、户外背包、运动补水、跑步配件等；还有最经典的案例：以女性鞋子定位的案例讲，品牌营销策略就是帮助女性解决不同场合穿什么鞋的问题，衍生出居家穿、休闲逛街穿、日常上班穿、下雨天穿、聚会穿、商务场合穿等等，以人群定位衍生产品是各大品牌的普遍经营策略。

如图8-7所示，ZANZEA品牌产品品类都是围绕女性服饰类衍生连衣裙、T恤、衬衫、裤子、夹克、牛仔裤等品类的。

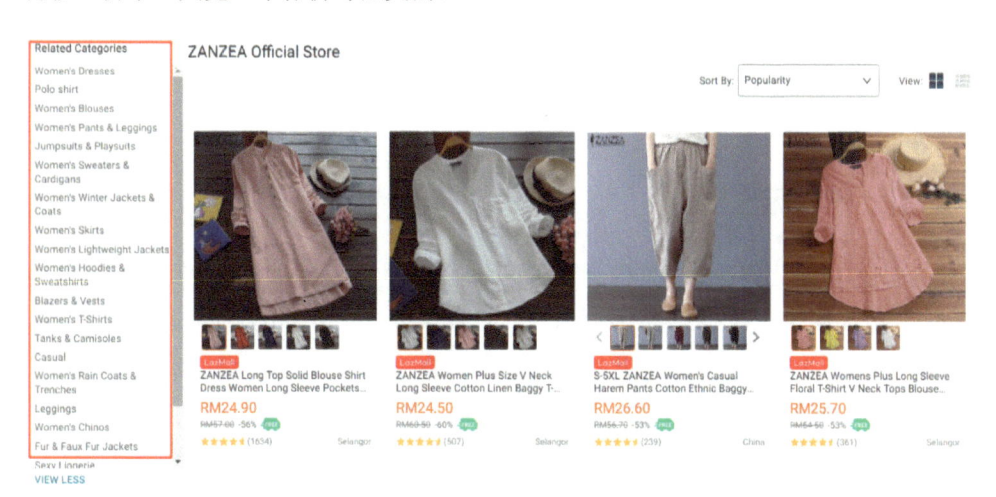

图8-7 ZANZEA女性服饰

8.2.2　产品定位

产品定位决定店铺和页面结构，从而影响整体风格，产品的定位维度也非常多，广义的产品定位包括目标市场定位、产品需求定位、差异化价值，以及营销策略的定位。还要考虑传播率、复购率，以及购买需求，这里我们就不过多分析了，比如服装品类就是最明显的例子，不同款式不同风格也会反向影响消费人群，如图 8-8 所示，复古风、亚麻类布料服装以网红类产品居多，而且同一款产品颜色和尺码较少或者以均码为主，对于商家来说这是个优势，少 SKU 更利于供应链的把控和商品运营。

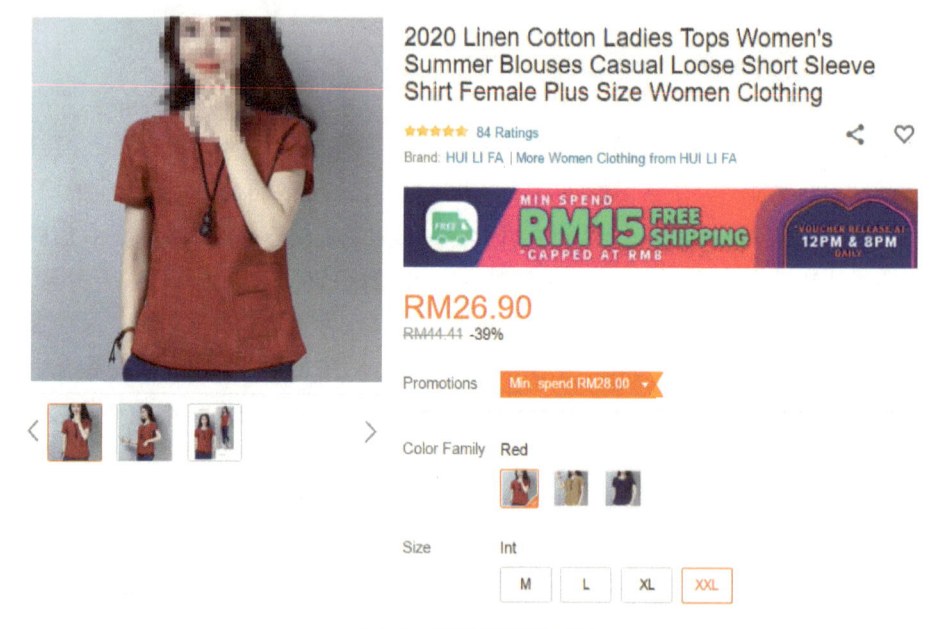

图 8-8　宽松亚麻类衬衫

8.2.3　价格定位

价格定位是比较核心的，因为价格决定产品和包装定位、营销策略，反向决定目标人群，如果是普通大众类产品,性价比高（花最少的钱买到最好的东西）就是关键，除非具备品牌影响力，或是特色产品、小众产品，因为不管是国内、欧美还是东南亚地区，价格确实会在很大程度上决定产品的销售情况。这也是如今品牌商家能够有高利润和高销售额的原因，因为具备品牌影响力和质量保障，比如 ZNT、Ugreen 这类头部商家，他们掌握的就是品牌和性价比优势，这也就是大家常说的价格优势；但不同产品又有不同，有的产品因为属性的特殊性，买家更加注重商品本身质量和其他因素，比如非常垂直、小众定位的产品。之前有位 Lazada 汽摩配商家，他的客单价在 150—300 元之间，平均利润率在 40% 左右，尽管产品销量不高，平均每天只有 30 单左右，但这款产品平均每天有 2000 元人民币的利润空间。这位商家的定位一开始就非常明确，培育店铺多款这类产品是侧重点。

8.3 店铺结构首页设计

8.3.1 Lazada 流量来源

流量就是一切的基础。流量为店铺带来曝光，有了曝光才可能有转化成交。

所以我们要做的就是了解流量来源，再通过我们的视觉营销提升点击率、转化率，充分利用好流量资源。

1. 平台流量

作为商家的我们，Lazada 店铺最大的流量来源就是平台自身，如图 8-9 所示，包括但不限于 Flash Sale（闪购）、Home Page（首页）、Lazada Search（搜索）、Chat（买家聊天工具）、Feed（微淘）等；当我们知道了平台流量在哪儿，我们就好执行相应的操作。

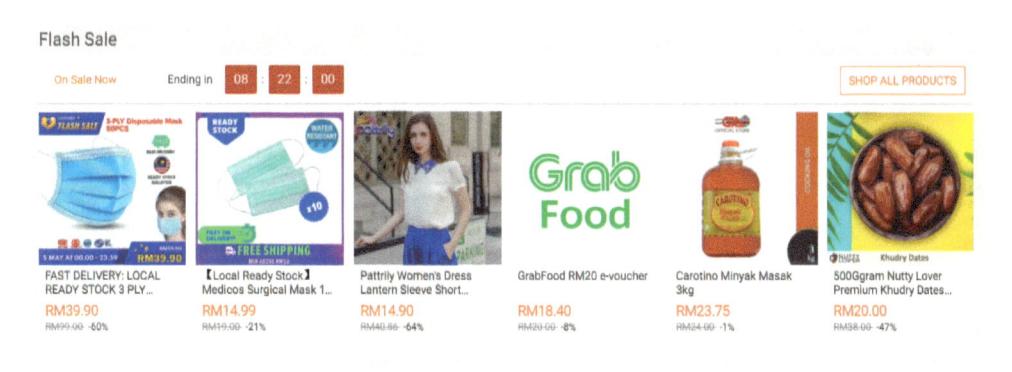

图 8-9　Lazada Flash Sale（闪购）

2. 买家自主访问流量

是指买家直接进入到卖家的商品页面、店铺的流量，如图 8-10 所示，自主流量来源有 Direct visit（直接访问）、购物车和订单等，这里通过视觉营销要做的就是留住买家，关闭出口，并搭配使用关联营销工具。

图 8-10　Lazada 买家自主访问流量

3．站外流量

站外流量很好理解，就是从站外引流到自己的店铺或者商品页面的流量，比如独立站引流，Facebook、Youtube、Instagram、Twitter、TikTok 等社交、视频、直播平台引流；流量成本只会越来越高，作为商家更应该想办法留住消费者，充分利用好流量资源，增加消费者的停留时间，提高转化率。

8.3.2　店铺结构设计

店铺结构逻辑大于美观度设计，这个概念一定要清楚，很多的商家热衷于页面设计的美观度（当然，美观度绝对是加分项，但结构是前提），而忽视了店铺整体结构的逻辑合理性。

简单地说，结构设计就是页面布局是否符合买家的购物体验，优秀的结构设计能让买家停留更长时间，浏览店铺更多的产品，也更容易形成转化。买家更容易找到他所需要的产品，甚至原本不准备买的产品而最终下单购买了，这又涉及关联营销等方面的内容。

美观度设计也同样重要，一张美观度极高的图片能瞬间获取消费者的好感，从而让消费者更进一步了解我们的产品，增加信任度，一张精致的图片也能传达产品的品质。

如图 8-11 所示，对于店铺结构的设计没有统一的标准，因为商家有不同的经营策略、不同的产品也有不同的侧重点，但是遵循必要的基础逻辑是前提。

8.3.3　店铺首页设计

1．功能作用

首页设计的功能作用是展示产品信息、传播品牌价值、传递活动信息、引导消费者下单。

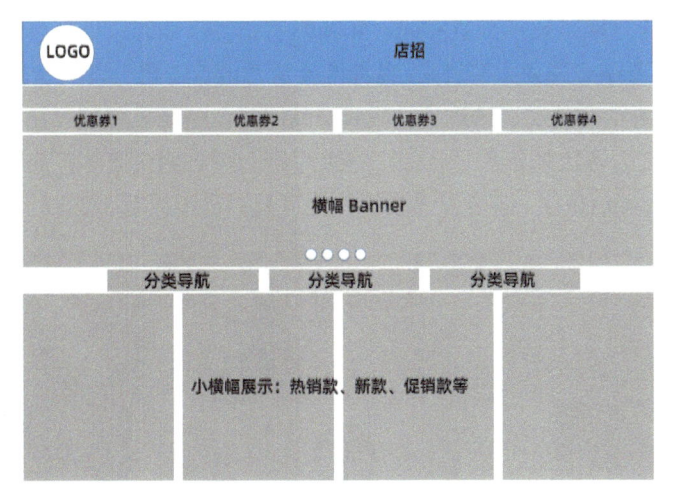

图 8-11　店铺结构设计案例参考

首页设计的目的是通过首页视觉引导消费者至产品详情页完成加购、成交，长期目的是品牌化，获取消费者信任，持续为消费者提供优质商品，增加复购率。店铺装修和首页设计不能给商家带来流量，但是很大程度上能决定转化率和复购率。

首页视觉营销要做的就是清晰直观地呈现店铺亮点和活动信息，引导消费者浏览店铺更多产品，商家可以尝试从以下三方面进行首页设计：

a．最想让目标消费者看到什么产品？

b．消费者正在首页浏览时他在想什么？

c．如何帮助消费者看到更多想看的信息？

如图 8-12 所示，一句话解释上面三点：孕产妈妈人群进店就能看到收货时间和对应产品分类并且可以点击查看更多相关产品。

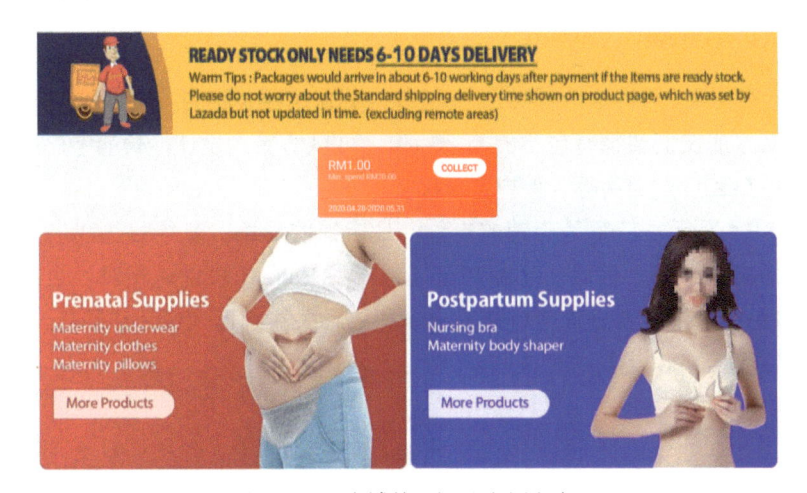

图 8-12　店铺首页设计案例参考

这位商家清楚地呈现了交货时间、解释说明和优惠信息，以及产前用品、产后用品，所以只要是孕产妈妈人群进来，就能非常清楚地点击相应模块查看更多的产品。

如图 8-13 所示，美观、精致的横幅和产品图片，差异化特色，能够非常有效地获取消费者信任。再比如蓝牙耳机的工程爆炸图、防水测试图等，能让消费者直观地感受到商品的可信任度，甚至让消费者产生联想，已经成功 50% 了。

图 8-13　O.TWO.O 横幅 Banner

店铺设计的短期工作内容之一就是结合公司近期营销策略和重心做视觉营销策划，店铺设计的关键涉及店铺活动信息和页面布局的展示方式，以及店铺色调搭配和主推商品的透出等。视觉营销要服务整体市场营销，好的视觉营销能直接决定销售额。

2. LOGO + 店招

LOGO 是品牌的象征，很多商家会用一张产品图片作为 LOGO，这是不可取的，因 LOGO 是标志、标识，甚至还有部分商家直接用别人的 LOGO，除非获取了授权，不然一律不得使用，因为这是侵权的，损害他人利益是要负相应的赔偿和法律责任的。所以建议商家朋友们要拥有自己的品牌标识，可以请专人设计，长期考虑的话建议商家朋友将 LOGO 注册商标，保护自身权益。

如图 8-14 所示，店招是店铺的定位，是店铺的形象，直接传达我们的店铺主营产品、面向人群等，因为店招相对于其他横幅 Banner 来说是相对稳定的（不常变动）；常用的店招展现方式是店铺 Slogan + 引导关注的形式设计和展示。

图 8-14　UGREEN 店招和 LOGO

3. 横幅 Banner/轮播

横幅 Banner 是店铺装修的关键，也是页面占比最大的图片，横幅 Banner 图片一定要高清。户外产品类，一般选取登山、冲浪、跑步、攀岩类图片，冲击力更强。Bday 大促、双 11、双 12 期间平台都会有专门的装修元素，商家朋友们一定要充分利用起来，装饰元素可以适当渲染气氛。如图 8-15 所示，Carote 横幅背景颜色与大色调统一，干净的画面避免太乱太花，容易让消费者购物体验更加舒服，从而增加购买意愿。

图 8-15　Carote Official Store 横幅 Banner

横幅 Banner 轮播图也是非常好的工具，能够展示多个主题的内容和店铺亮点信息，商家可以根据不同的营销侧重点做相应的规划调整。Lazada 卖家中心新增了可点击区域的横幅 Banner，这个功能非常好，可以在同一张横幅中设置多个链接入口供消费者点击浏览更多信息。如图 8-16 所示，ZNT 这张横幅 Banner 展示的是 A、B、C 三个产品，可以在产品区域内设置对应的产品链接，并设置与之匹配的视觉引导行为；当然，具体还是要根据商家自身的营销策略做对应的视觉设计，适合自己的才是最好的。

图 8-16　ZNT 横幅 Banner

优惠券的设置是非常必要的（根据店铺商品价格区间进行梯度设计较为合理），

较为普遍的做法是尽量将优惠信息往前放。

另外，粉丝优惠券是特别关键的，如图8-17所示，这是获取粉丝的重要来源。一般来说粉丝优惠券设置的门槛会相对较低，并且建议在店招设计相应的视觉引导行为，比如满10元减2元（具体设计根据商家营销策略和产品利润率来设计），这个优惠是非常大的，是获取粉丝的最有效方法。

图8-17 ZNT横幅视觉引导FOLLOW LIS关注店铺

4．分类导航

合理的装修结构是前提，消费者进店，能够清晰地知道该店铺主营产品类型是什么，能够方便地浏览并找到自己所要了解的产品。每个商家都有自己的主营产品，行业不同，导航也存在差异；如图8-18所示，David Jones Paris商家设计的分类导航，图文结合的形式展示，消费者能直观地看到不同分类产品。

图8-18 David Jones Paris分类导航

分类导航设计遵循消费者习惯，视觉营销的重要作用就是引导消费者行为，引导的前提一定是根据消费者行为来设计，也就是增强消费者体验。比如消费者普遍是习惯从左往右阅读，按此逻辑，还可以利用色彩，引导消费者。如图8-19所示，O.TWO.O就是根据美妆分类来设计的，"YOU'LL LOVE THIS"标题突出，文案设计的关键在于合适与重点突出，浅显易懂最好，尽量避免使用缩写和个性化语言。

图 8-19　O.TWO.O 类目导航

分类导航不仅仅是我们简单理解的产品类型分类，实际上很多的大卖家会很灵活地利用分类设计，以下分类形式可供卖家朋友们参考：产品类型、年龄区间、价格区间、使用场景、使用人群等，如图 8-20 所示。

图 8-20　Mom's best choice 类目导航

5．活动信息

如图 8-21 所示，Mom's best choice 活动横幅强调 FOLLOW LIS。建议商家对活动信息做减法，突出一两个重点活动信息是关键。活动信息要直观，更要有冲击力，能够抓住消费者眼球。比如，活动期间直降多少钱，未来半年不会再有更低的价格，等等，运用突出的颜色背景和字体强调，再使用图案元素渲染气氛。甚至在促销期间，可以制作海报强调头部产品、爆款产品、销售额、订单数等；日常活动可以突出近期主推产品，在店铺页面尽可能地多展示此款产品的信息和核心卖点，而不要再大篇幅强调其他的产品，因为传达的活动信息和卖点越多，越会让消费者无感，但可以做与之匹配的辅助营销来渲染气氛，比如活动期限倒计时、优惠券领取方式引导等。

图 8-21　Mom's best choice 活动横幅

6. 产品布局

产品布局排版整齐，不杂乱。视觉营销在各板块都强调排版和布局的逻辑性，这个是增强客户体验和满意度的关键，电商类的店铺装修不会给商家带来流量，但直接影响转化率，清晰的页面排版和视觉引导会提高消费者对品牌、产品的信任度，如图 8-22 所示，产品的布局和呈现的产品数据是落地产品页的关键。

图 8-22　UGREEN 首页产品布局

按产品分类（见分类导航参考建议）划分产品板块。如图 8-23 所示，ZANZEA 横幅 Banner 采用分类导航的图文结合形式展示产品类型，下列直接放产品链接。注意这些产品特点，主图、价格、评价数、评分等数据信息都是最优呈现的；所以建议商家在首页产品布局上把数据最好、评价正面、最想让消费者看到的产品放在最前面，比如销量最高、评价数最多、性价比高、新品促销、热销等产品，这是提高点击率、转化率的关键技巧。

除此之外还能将什么产品放在首页布局上？如图 8-24 所示，店铺装修默认的产品排序有个性化、总销量、上新时间、评价数、折扣率、好评率等几个筛选维度，建议商家朋友根据自身运营侧重点来做对应的布局和调整。

图 8-23 ZANZEA 首页产品布局

图 8-24 店铺装修产品排序方式

7．参考指标

评判一个店铺装修的视觉设计是否合格，可以参考这几个指标：页面浏览量、收藏加购数、转化率、点击率（有曝光数据的前提下），页面浏览量涉及的就是访问

107

深度。

正常来说，浏览量约等于进店访问深度，浏览量越高，代表店铺对客户的黏性越大，但是不要在这一项数据上纠结，店铺流量和转化率是重点，所以商家还是应该从店铺整体各个指标数据总结和判断店铺情况。

总结，店铺结构和首页的装修设计是根据店铺市场定位决定的，不同的消费人群和产品决定不同的运营思路，只有精准地找到并研究产品背后的消费人群需求、特征，才能有效地提升转化率；差异化是品牌和营销的核心，差异化的体现形式有很多，比如价格差异化、产品功能差异化、营销策略差异化、视觉呈现差异化等。

如图 8-25 所示，是 ZNT 粉丝营销策略。

任何优秀的视觉营销都不是单一指标的突出，而是各方面综合组合营销的结果。

图 8-25　ZNT 粉丝营销策略

8.4　产品视觉营销

产品[1]视觉营销主要从三方面展开：

商品结构规划（流量）、图片设计（点击）、详情设计（转化）。

---

[1] 本书涉及到的"产品"、"商品"2 个名词意思相同，考虑到 Lazada 后台截图中两个名词也会同时出现，因此不做统一处理。

8.4.1 Lazada 商品结构规划

商品结构规划也叫品类规划,简单说就是店铺产品品类之间形成关联、合理布局;无论是线上还是线下的店铺,都离不开这几类商品矩阵:引流款、活动款、常态款、利润款、形象款;当然,不同商家的运营策略不同,侧重的商品类型有所差异是正常的。

一个具备优秀商品结构的店铺,不仅能为消费者提供更多样化的选择,还能实现店内流量及其他资源的最大化(比如将互补产品关联,增加客单价)。

1. 引流款商品

如图 8-26 所示,引流款商品指流量大(吸引流量),人气高(访客数、页面浏览量、加购数、收藏数等),排名靠前的商品。可以将此类产品的价格稍微降低,或者设置为保本价;如果引流款定价过高,会导致引入店铺的流量流失率高,转化率低,引流款需要具有高性价比和货源优势。

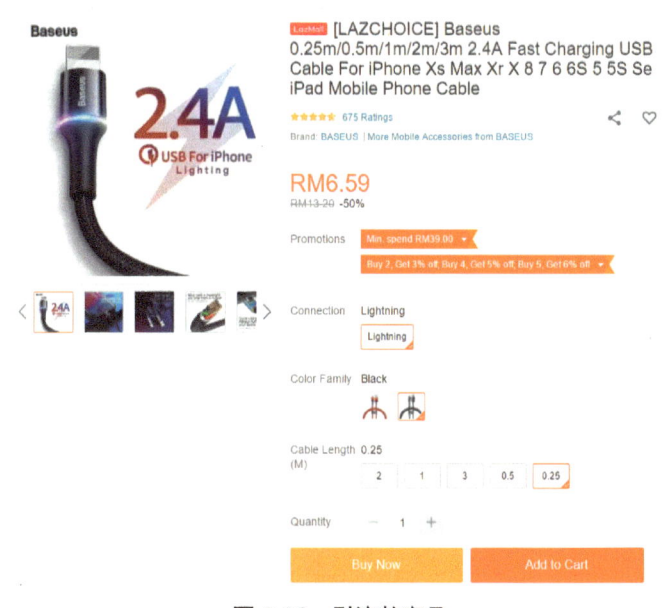

图 8-26 引流款商品

2. 活动款商品

指适合做活动的商品,Lazada 平台日常活动和大促活动非常多,对商家而言是非常好的,因为参与活动促销真的有机会让新卖家腾飞。

2019 年,入驻 Lazada 一个月的泉州新商家日均 15 单;参加 2019 年的 Bday 大促和 Flash Sale(闪购),活动期间,实现店铺单款产品销售 2000 单,因新手卖家前期没有备货,出单后只好联系多家工厂生产赶货。只因这一款产品实现店铺等级提升为 Level 6，并带动店铺其他产品订单增长，Bday 大促过后销量稳定在日均 200 单以上。活动款是业绩提升的必备款，设置合理的利润和售价，能让店铺瞬间提升好几个等级。

3．常态款商品

常态款是日常销售的商品，所以商品数量和占比也是最多的，是满足客户差异化需求的基础款，这类产品款式丰富，利润适中；如果利润过低，不宜店铺长期发展，因为常态款是日常利润的主要来源；如果利润过高，店铺销售额会下降，转化率会下降，很难保持稳定的订单量。

4．利润款商品

利润款也可以理解成店铺发展的生命，利润款是创造店铺大部分利润的商品，此类商品本身应具备独特的风格、中高客单价和高质量品质，同时引流款和活动款产品应给利润款产品引流，提高店铺利润款的销量；如图 8-27 所示，是高利润款商品的采购与销售价。

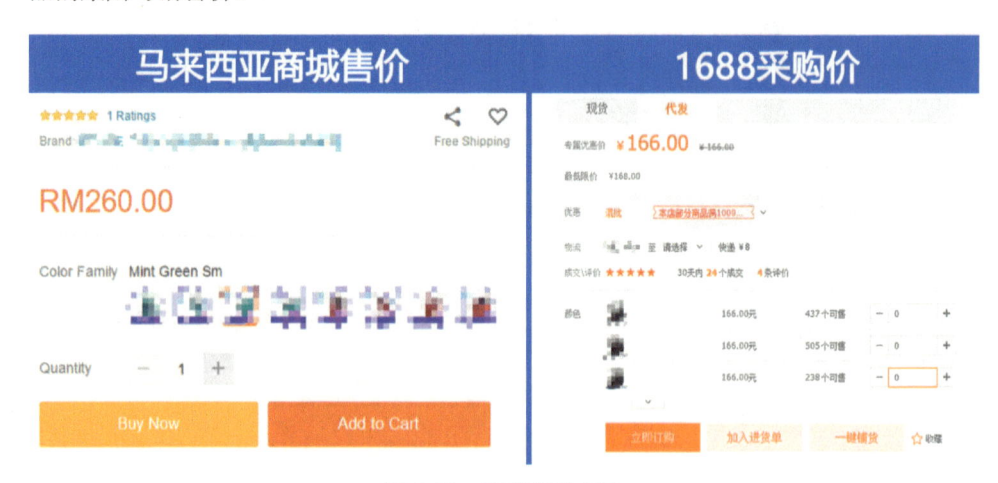

图 8-27　高利润款商品

5．形象款商品

形象款商品是体现店铺档次和品牌形象的商品，更准确地说是店铺定位的体现，形象款能体现出整个店铺的品牌和形象，目标明确的消费人群是品牌长期发展的关键。

6．爆款打造

爆款和引流款有很多相似之处，比如店铺引流，但最大的区别在于，引流款有可能不赚钱或者亏钱，但是爆款是必须盈利的，绝对不可以亏钱。如果爆款亏钱，那方向是有问题的（当然，前期打造爆款时亏损是正常的，但整个爆款生命周期必须是赚钱的,并且具有可观的利润)。

爆款打造需要具备综合运营能力(市场分析能力、竞品分析能力、消费者分析能力、渠道供应链能力、营销能力、资金运作能力等),相对于单款爆款,笔者更倾向于鼓励卖家打造爆款群。

7. 产品排名

每个电商平台都有独立计算产品排名的规则,Lazada 也一样。商家首先要了解平台的流量设计原理,流量分为两种:免费流量、付费流量。下面是几个排名权重。

产品质量:产品质量对产品排名的影响非常大,产品标题、描述与产品本身匹配度决定产品排名。

产品权重:产品访客数、加购数、收藏数、成交额、订单量、取消率等与产品排名有关;同时也跟 LazMall 品牌商品、普通商品、Global Collection 商品的类型有关系。

店铺权重:如图 8-28 所示是 David jones 店铺,店铺整体的成交额、订单数和店铺绩效考核相互影响产品排名,比如取消率大和差评较多的店铺权重一定是低权重的;同时,店铺类型也是店铺权重的一部分,比如 LazMall 店铺和普通店铺,跨境店铺和本地店铺等,权重不同。

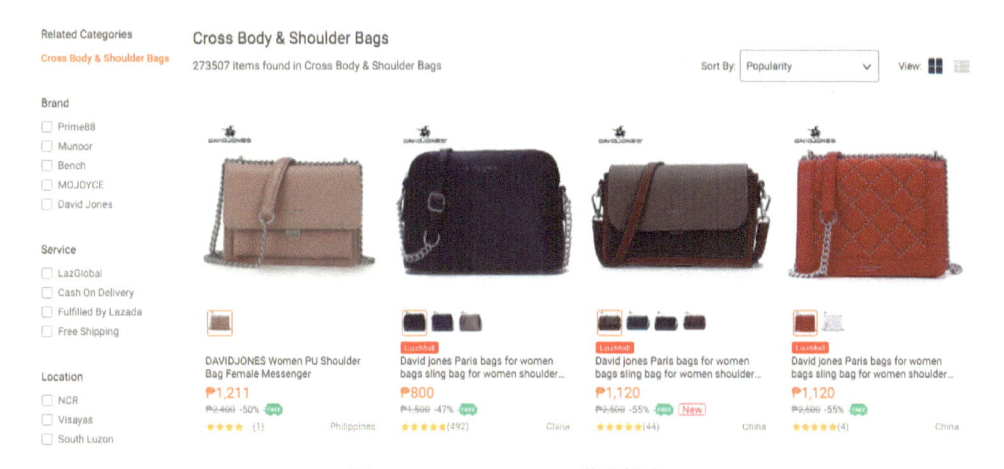

图 8-28 David jones 类目排名

流量曝光、点击、转化:还有更重要的就是流量转化率,平台给予新品流量扶持、Global Collection 产品透出、报名 Flash sale(闪购)等支持时,产品本身的表现情况非常重要;比如商家 A 与商家 B 上传相似商品,平台给予两位商家同时展现 500 次机会,商家 A 获取流量 50 个,点击率为 10%;商家 B 获取流量 5 个,点击率为 1%。从这个数据上看可以判定商家 A 优势大,或许在下次机会中,平台会给予商家 A 更多的展现机会。

总的来说，产品数据表现越好，越有机会获取更多的流量，产品排名也更靠前。

8.4.2 如何设计高点击率的 Lazada 产品主图

设计高点击率的产品主图其实不难，关键是要清楚你的产品卖给谁？图片给谁看？他的痛点是什么？你是否解决了他最痛的痛点？设身处地地站在消费者角度去思考、去调研分析。主图绝不是越美观越大气越好，而是与你的目标消费人群（关键词）相匹配。

如图 8-29 所示，Lazada 菲律宾商城前台搜索关键词 Phone Waterproof Pouch（手机防水袋），总共有 15608 个商品，看前面 4 个商品，你作为消费者更愿意点击和了解哪个产品？前面两个是 UGREEN 绿联的商品，与搜索关键词高度匹配，图片视觉冲击力较强，不需要文案就知道防水效果。

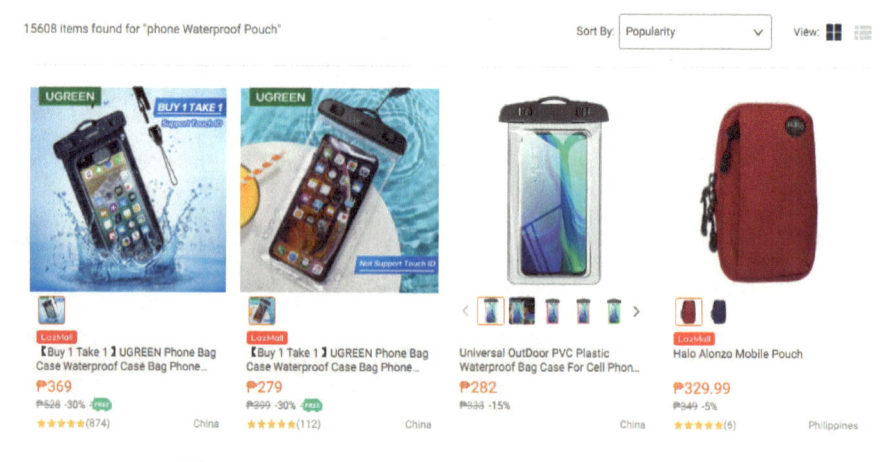

图 8-29　Phone Waterproof Pouch 关键词搜索页面

1. 明确目标消费群体，精准定位

相信每位商家在开店时已经做好店铺定位了，产品主图设计需更加注重人群定位的重要性，明确目标消费群体才能做出更高点击率的主图，从而提高产品转化率。

因为每个消费者搜索一个关键词时都是带着目的的，而我们的商品没办法满足所有消费者，也没有任何主图能够满足所有消费者，所以我们的主图设计只需要满足和吸引精准流量曝光的消费人群就已经足够了，相信一定能最大化地形成转化。

如图 8-30、图 8-31 所示是 UGREEN 绿联的产品首图和主图，手机防水袋的核心痛点（防水、触屏）能够非常直观地吸引目标消费群体，再加上"买一送一"这样简洁明了的文案，高点击率高转化率是必然的。

图8-30　绿联产品首图　　　　图8-31　绿联产品主图

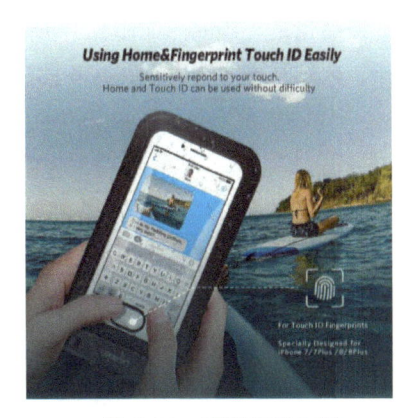

2．符合平台规范

主图符合平台规范是店铺经营的前提，主图的作用、特点和要求如下。

作用：主图中展示产品的款式、颜色、品牌等特征。

特点：在搜索或类目页面脱颖而出，迅速地刺激消费者眼球。

要求：

- 背景色不宜太杂（建议白底）、画面清晰、品牌突出、主图产品突出、差异化；
- 商品主图的尺寸：500像素×500像素到2000像素×2000像素；
- 1—8张图片，最好提供360°无死角的产品展示，还有场景图、细节图、规格图等；
- 要求JPG或者GIF格式，可以实现放大镜功能（小图片是不能被放大的）；
- 比例为1:1的正方形，构图美观合理；
- 文字不能过多，且勿遮盖住产品主体，要带有品牌识别元素。

3．买家思维考虑需求

在跟很多商家交流时，发现大部分商家都在不断地强调自己产品有多好，使用的什么材质，有什么特点等，这个时候我往往会问商家，如果你准备购买这类产品，你最关心的是什么？这个时候，大部分商家往往考虑的都不是他一开始提到的那些特点！

举个我经常跟商家交流的例子：

如果你需要给你刚出生的宝宝购买婴儿睡衣，你会如何选择？

纯棉、柔软、舒适、透气、款式漂亮、无异味、不掉毛……

是的，如果自己去购买，能够说出这么多要考虑的，那么作为商家你正好销售婴儿睡衣呢？很简单，优先顺序排出来，选取1—2个核心卖点，甚至将最重要的卖点用最大字体最显眼的颜色突出强调。

其他产品也是一样的，如图 8-32 所示，运动蓝牙耳机，主要卖点可以参考文案：狂甩不掉、久戴不疼，选取正在跑步的图片素材，一张高点击率的主图就完成了。

图 8-32　蓝牙耳机首图

当然，不同的细分产品侧重点有所不同，最重要的是对目标消费者的研究分析一定要精准，真正找到并解决目标消费者的痛点。

4．避免无价值文案

文案一定要与产品本身相符，并且与核心卖点高度匹配，能让目标消费者一看到就注意到产品图片，并且具备点击了解更多的行动指令。有的文案本身不错，但是与自身产品关系不大，即使获得点击，转化也是不理想的。商家需要的文案是将最痛的痛点作为卖点文案，文案还需要直观易懂，能让消费者看到主图时 1 秒接收到有效信息并做出决定：是选择忽视还是了解更多？所以一个产品卖点不宜过多，挖掘核心和最痛的 1—2 个卖点突出强调就足够了。

5．差异化策略

任何平台都不可避免产品同质化，而避免同质化竞争最低成本和有效的方式是差异化。

差异化的形式有很多，比如款式、功能差异化等，现在讲的是主图差异化；差异化是相对同行竞品而言，所以需要竞品分析，了解同行主打卖点是什么，你跟他不一样。

比如，同行主打价格，你主打质量；同行用白底图，你用场景模特图；同行主打销量，你主打质量；同行整体用大图，你主打细节等。

8.4.3　Lazada 高转化率的详情页如何设计

相对于设计本身而言，创意更重要。当消费者进入详情页查看商品时，已经成功一半了，因为你已经通过产品标题等获取了曝光和流量。主图吸引了点击，那么决定消费者是否会找客服达成最后的成交,详情页起到至关重要的作用。

多看、多研究优秀同行的详情页设计(不仅限于 Lazada 平台,淘宝、天猫就是最好的学习参考对象),实际上详情页的设计思路与主图设计思路是一样的,只是主图是精简版,详情页是拓展延伸版。

精简核心卖点,让消费者第一眼看到就留下记忆。回想自身购物货比三家的时候,最终又回到让我们印象最深刻的产品并下单购买,购买理由可能是某一个功能特点、诱人的价格、材质、精美的图片和文案、放心的售后等。如图 8-33 所示,ZNT 耳机详情图设计核心卖点是 Comfortable(舒适)+ Compatible(兼容),对于耳机产品来说这两个功能给人的印象够深刻了,截止发稿,该款产品在 Lazada 马来西亚商城售价 39RM(林吉特),评分 4.8,2091 个 Ratings(评价),63 个 Answered Question(问答)。

图 8-33 ZNT 耳机详情图

如图 8-34 所示,产品详情描述建议把最重要、最需要传递的信息往前放,加深消费者印象,常采取的方式是引发好奇、呈现独特的卖点(搭配使用场景,列举遇到的最大痛点和对应的解决方案)。帮助消费者更快做决策,因为消费者没有太多的时间去了解一个并不吸引自己的产品(特别是手机端购物时尤为明显)。

产品详情页布局参考

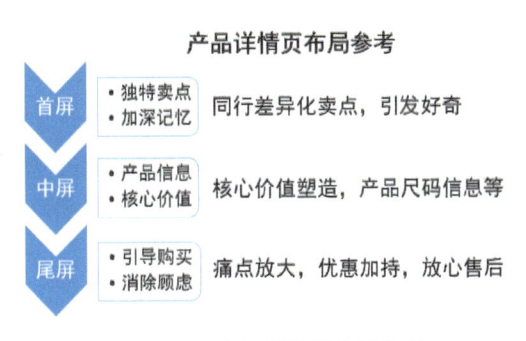

首屏	·独特卖点 ·加深记忆	同行差异化卖点,引发好奇
中屏	·产品信息 ·核心价值	核心价值塑造,产品尺码信息等
尾屏	·引导购买 ·消除顾虑	痛点放大,优惠加持,放心售后

图 8-34 产品详情页布局参考

8.5 Lazada营销活动策划

1. 营销活动策划

Lazada 平台有非常多的活动促销，大大小小日常活动每周有好几次，超级大促有 Bday、618、99、双 11、双 12，还有商家自身的营销活动策划等。不管商家在参加什么形式的活动，都离不开活动策划，如果只是简单地选择产品报名那算不上营销活动。营销活动是需要提前筹划的，需要协调运营、供应链、视觉设计等资源，最终实现营销活动效果和营销业绩的最大化。如图 8-35 所示，是 ZNT 77 大促 Banner。

图 8-35　ZNT 77 大促 Banner

活动前：活动策划时要考虑什么？主推单款产品还是店铺销售额？主图产品的依据是什么？是否有数据参考？通过低价带流量转化还是吸引消费者进店关联其他产品？此外，活动营销效果预测（销售额、投入产出比盈亏预测、转化率、售后获取评价数等），站内 Feed 营销、站外营销（社交媒体等）配合营销策略等。

如果参加平台活动，提报活动时要清楚活动规则、折扣要求、库存要求等，还要清楚审核规则，客服回复模板设置等。

活动中：安排客服高效为消费者答疑、催付款，进行转化，监控销售和库存数据情况，并及时对接供应商和平台客服等。

活动后：活动后最重要的就是复盘，评估活动效果，回顾各环节遇到的突发状况，总结优缺点和优化措施，以便下次活动做得更完善。

电商运营中图片是视觉最重要的表达方式，有一句话可以参考：做电商实际上是卖图片。由此可见图片的重要性。活动营销时的横幅 Banner 需要明确呈现活动主题，突出活动优惠信息、参与形式和产品核心卖点与价值，最终引导消费者下单购买。

2. 关联产品推荐

灵活使用平台促销工具 Flexi Combo（多件多折）、Seller Voucher（优惠券）、

Free Shipping（包邮）、Bundles（捆绑）、PDP Banner 设置；促销工具的设计逻辑非常重要，比如优秀商家的优惠券设置是根据店铺价格带分布设计的。

展示新品和头部畅销品只是活动促销的基础，每个商家都会采取这类促销方式，更重要的是如何通过活动策划带动整个店铺的销量才是更关键的。

如图 8-36 所示，是 ZNT Flexi Combo 组合营销，根据 Business Advisor（生意参谋）数据梳理产品数据，推荐关联性强的产品组合，还可以更深入地研究消费者偏好、购物习惯等，从而引导购买。

关联营销参考方案：活动商品关联高利润商品，活动商品关联低流量商品，活动商品关联高转化商品等。

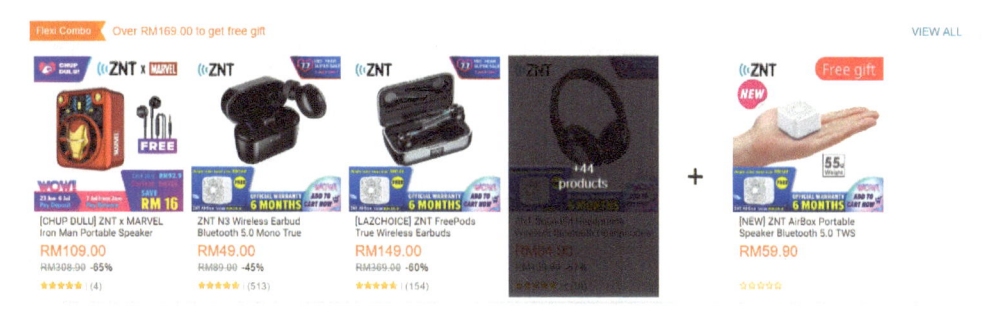

图 8-36　ZNT Flexi Combo 组合营销

第9章
店铺营销

Lazada 的自主营销工具有很多，包括 Chat（即时聊天）、商品装修工具（主图视频、PDP、Lorikeet）、Store Decoration（旺铺装修）、Seller Picks（卖家精选）、Flexi Combo（多件多折）、Seller Voucher（优惠券）、Free Shipping（包邮）、Bundles（捆绑）和 Sponsored Solutions（推广服务）等，还有 Sponsored Solutions Sponsored Affiliates（联盟推广）和 Sponsored Search（搜索推广）。

9.1　Chat（即时聊天）

Chat 是 Lazada 目前使用的客服工具，类似淘系的旺旺，可以设置自动回复来引导买家下单，如图 9-1 所示。也可以设置一些买家常问到的问题的快速回复，来提高回复效率，缩短回复时长，如图 9-2 所示。

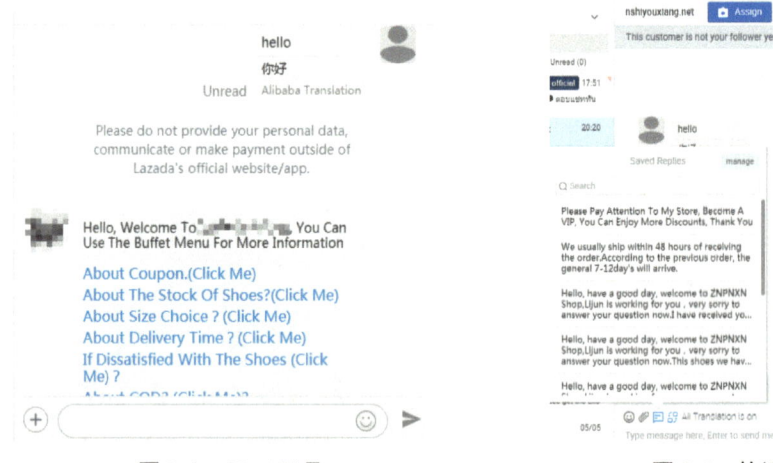

图 9-1　Chat 工具　　　　图 9-2　快速回复

9.1.1　Chat 自动回复设置

自动回复是卖家自行设置买家常问问题的回复指引，如店铺优惠链接、自定义图片、店铺优惠券、邀请买家关注店铺等问题的回复；买家发起会话后，自动给买家提示店铺优惠、常见问题等，买家可根据兴趣自行点击获得相应答案；设置如下。

（1）选择"Chat Settings"（聊天设置）选项，如图 9-3 所示。

第9章 店铺营销

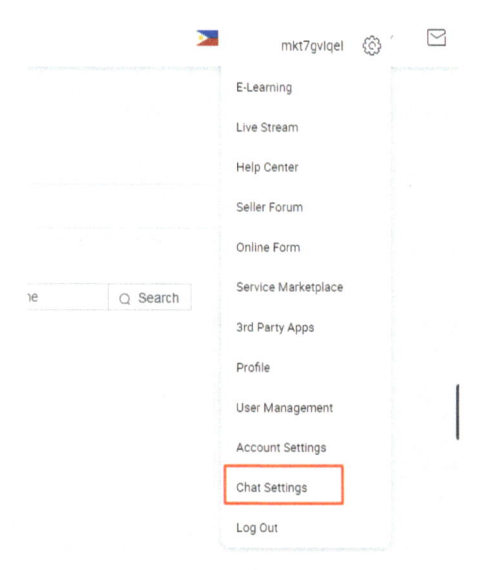

图 9-3 聊天设置

（2）选择"Auto Reply"（自动回复）选项卡，如图 9-4 所示。

有三个选择，分别是"Turn off"（关闭），"Only show text"（仅显示文字）和"Show text and actions"（显示文字和操作）。"Turn off"是关闭自动回复；Only show text 仅展现文字，无法指引买家下单；"Show text and actions"既有文字展示，又可以指引买家下单。所以这边选择"Show text and actions"选项。

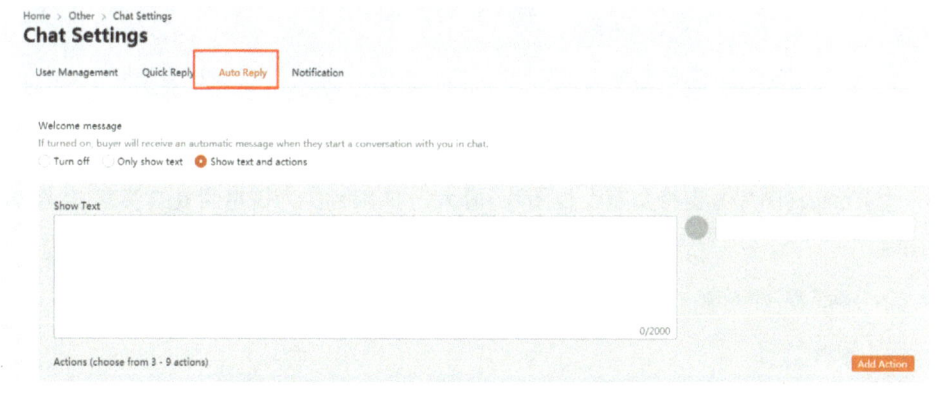

图 9-4 选择"Auto Reply"选项卡

（3）Show Text：显示文字，可以写欢迎来到我的店铺等一些指引文字；点击"Add Action"按钮添加指引，如图 9-5 所示。

121

图 9-5　显示文字

（4）共有四种指引模式。

① Text（文本），支持卖家配置文字、站内链接等，卖家可自行配置（最多 2000 字），如图 9-6 所示。

图 9-6　文本回复

② Image（图片），支持卖家上传图片（最大为 1MB），作为信息回复给买家，如图 9-7 所示。

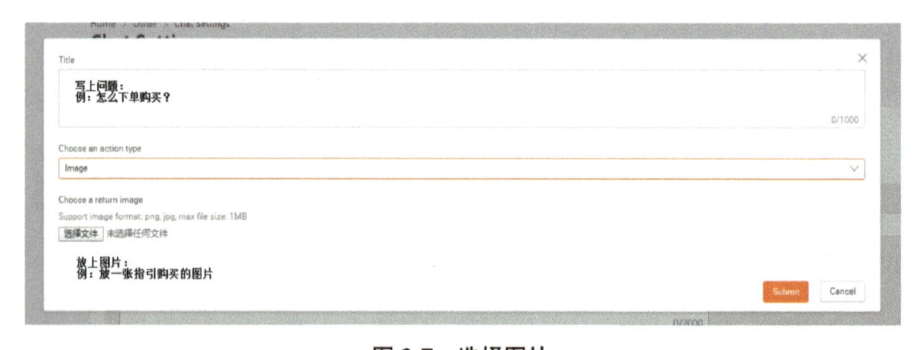

图 9-7　选择图片

③ Voucher（优惠券），支持卖家将店铺优惠券设置进快捷回复卡片中（必须是生效中的优惠券），如图 9-8 所示。

图 9-8　优惠券设置

④ Follower invitation（关注邀请），买家点击后，会立刻向买家发起店铺关注邀请，如图 9-9 所示。

图 9-9　关注邀请

⑤填写好问题、答案之后，点击"Submit"（提交）按钮，便完成设置。

提示：可以设计最少 3 条，最多 9 条快捷回复内容。

9.1.2　Chat 快捷回复

快捷回复是设置一些买家经常会提到的一些问题的回答，当买家给客服发同类型的问题，就可以快速回复，省去大部分时间，从而提高客服回复效率，提高回复时长。

如何设置快捷回复，一起来看一下：

（1）选择"Chat Settings"选项，如图 9-10 所示。

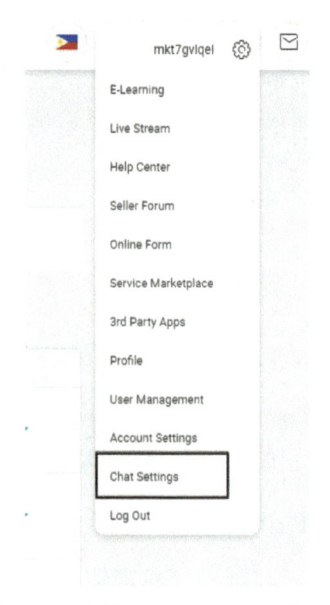

图 9-10　选择 "Chat Settings" 选项

（2）选择 "Quick Reply"（快捷回复）选项卡，如图 9-11 所示。

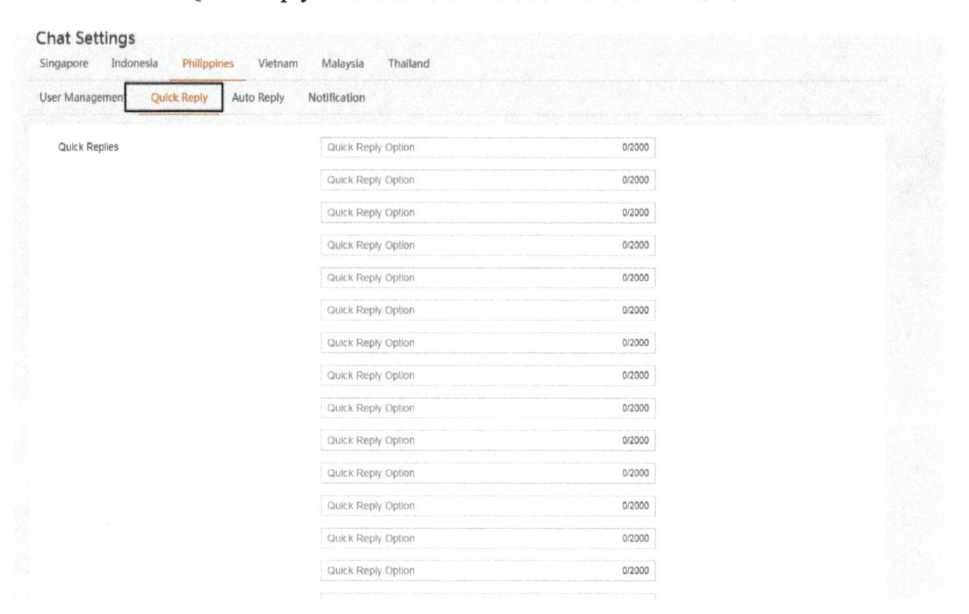

图 9-11　选择 "Quick Reply" 选项卡

（3）填写完所需要的快捷回复内容，点击 "Submit" 按钮，便完成设置，如图 9-12 所示。

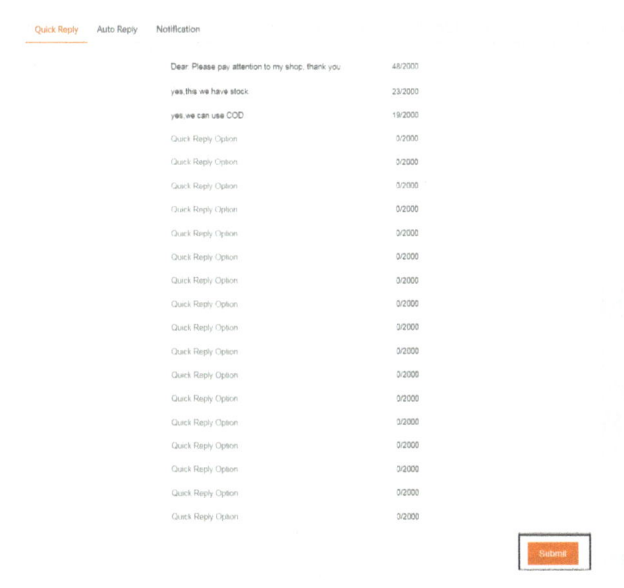

图 9-12　完成设置

（4）设置好的快捷回复会在聊天窗口和买家对话时显示，在与买家对话时，便可以选择需要回复的消息，如图 9-13 所示。

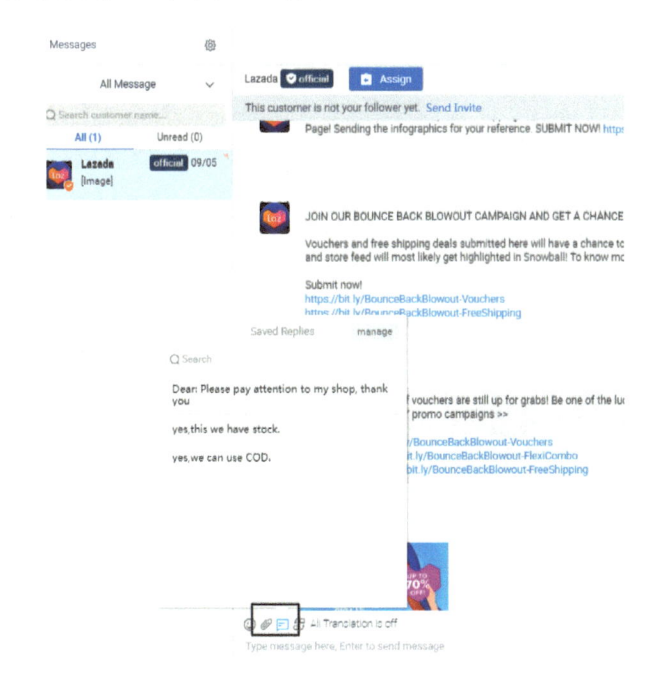

图 9-13　选择回复的消息

提示：快捷回复可以设置 20 条。

9.2 商品装修工具

销售就是在售卖产品，除了产品的标题、主图、短描述之外，Media Center（媒体中心），Decorate Products（装修商品，简称 PDP）和 Lorikeet（商品详情页装修），这三个能使商品获得大量流量的工具决不能放过。

9.2.1 Media Center（媒体中心）

这是一项让卖家在 Lazada 媒体中心直接将自己的视频上传的功能，在 GSP（六个站点）上传视频后，在 WIFI 环境下会自动播放。当然，视频在 Feed 发布需要在 ASC（单个站点）重新上传。设置如下：

（1）需要在 GSP 上传视频，通过路径"商品管理→媒体中心"实现，如图 9-14 所示。

图 9-14　媒体中心

（2）然后点击"Video"（视频）链接，再点击"Upload/Manage videos"（上传管理视频）链接，如图 9-15 所示。

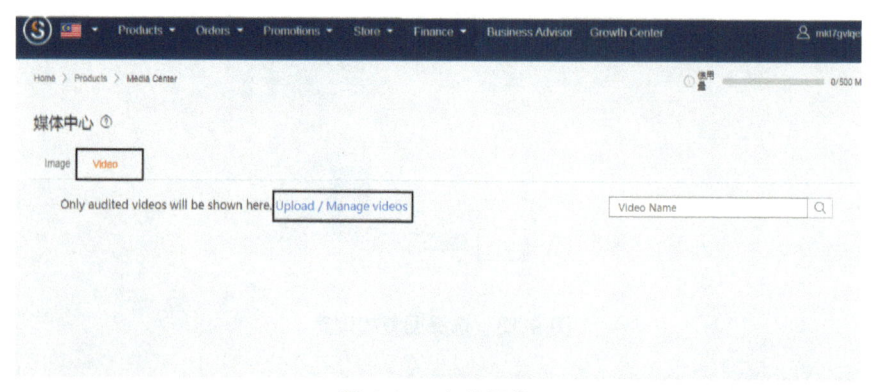

图 9-15　上传视频

第9章　店铺营销

（3）点击"Create New"（创建）按钮，如图9-16所示。

图9-16　创建视频

（4）按这样的步骤操作：点击"1"的"Upload"上传视频，在"2"中填写产品名称，在"3"中上传视频封面（视频封面可以是任何内容，包括产品图片或横幅），如图9-17所示。

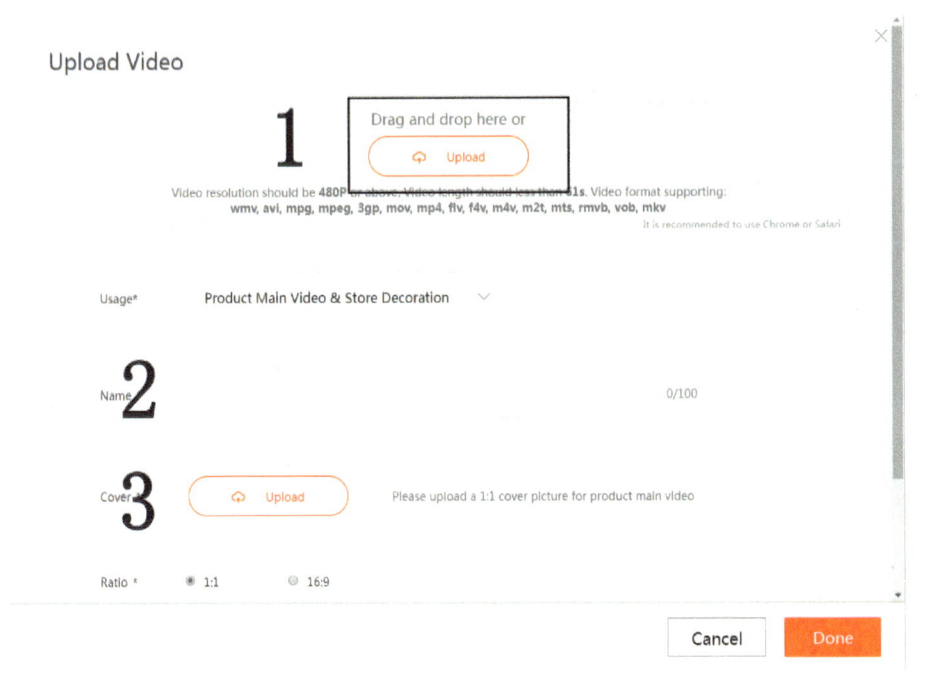

图9-17　上传视频步骤

（5）点击"Done"（完成）按钮，等待审核。

提示：

视频要求：

1. 分辨率必须大于等于480像素或更高。

2. 视频长度需要控制在 60 秒以内。

3. 视频格式需要为：wmv、avi、mpg、mpeg、3gp、mov、mp。

视频封面主图要求：

1. 1:1。

2. 像素：500 像素 ×500 像素到 2000 像素 ×2000 像素。

3. 小于 1MB。

4. 可上传这些格式：png、jpg、jpeg、gif。

9.2.2 Decorate Products（装修商品）

Decorate Products 就是装修商品，简称 PDP。PDP 是配置一次就可在店铺所有产品的页面展示的，PDP Banner 如图 9-18 所示。将产品的流量引入店铺，成为店铺的私域流量，点击"1"，可进行设置，如图 9-19 所示。PDP 是每个站点分开设置的。

图 9-18　PDP　　　　　　　　图 9-19　将流量引入店铺

（1）选择商品板块中要装修的商品，进入 PDP 装修页面，如图 9-20 所示。

第9章　店铺营销

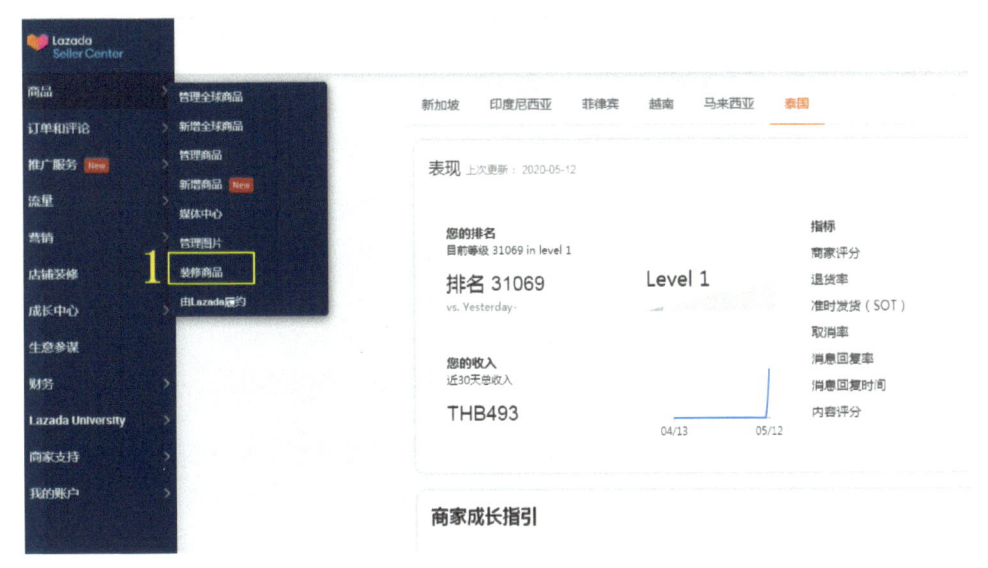

图 9-20　装修商品

（2）点击"选择"按钮进入装修板块，如图 9-21 所示。

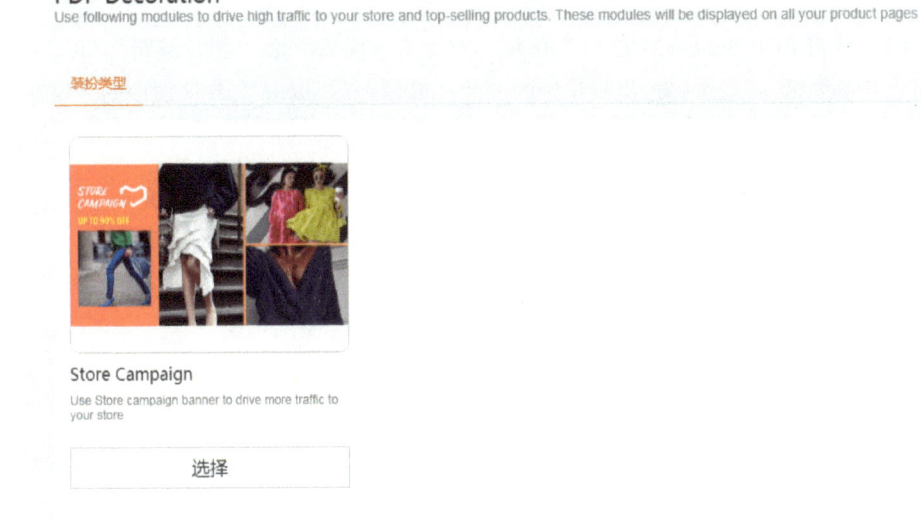

图 9-21　进入装修板块

（3）点击"LORIKEET"按钮进入装修版面，如图 9-22 所示。

129

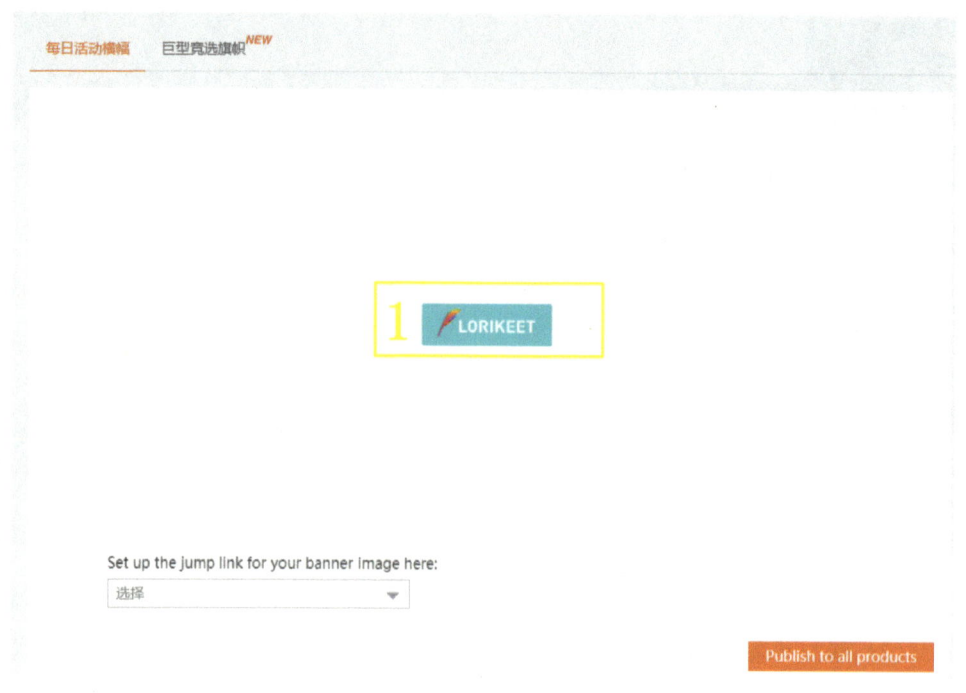

图 9-22　进入装修版面

（4）编辑 PDP Banner。在"1"区域，有"文字编辑"和"图片编辑"，可以在页面上直接编辑，或者选择已经制作好的图片。编辑之后，点击"2"区域中的"保存"按钮完成，如图 9-23 所示。

图 9-23　完成装修

（5）在"1"区域中选择你要连接的版面，这个版面需要在店铺装修里面设置。在"2"区域中选择发布，一个 PDP 就制作完成了，如图 9-24 所示。

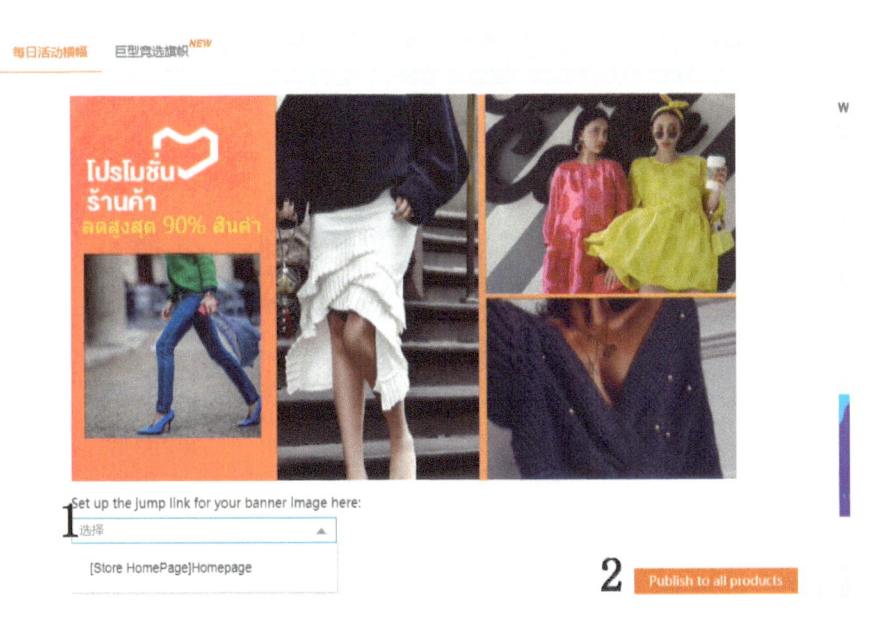

图 9-24　PDP 制作完成

9.2.3　Lorikeet（产品详情页装修）

Lorikeet 是产品详情页的装修，能让产品的装修更多样，让产品在竞争中脱颖而出，也会有更多的流量。Lorikeet 不能同时在 GSP 设置，所以只能在单个站点对产品进行编辑。

（1）在 ASC 页面选择你要的一款产品，点击"操作"下拉列表中的"编辑详情"，进入产品编辑页面，如图 9-25 所示。

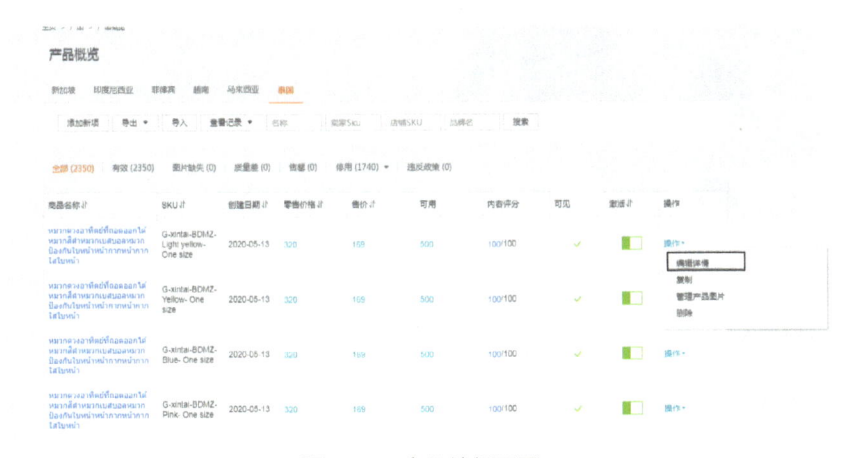

图 9-25　产品编辑页面

(2)在详情页选择"Lorikeet"选项,点击"+"按钮进行编辑,如图9-26所示。

图 9-26　开始编辑

(3)装修页面可以直接把以前的"详情"复制过来,直接点击"2"区域中的"保存"按钮发布。也可以选择Lorikeet里面的板块,然后在"1"区域中选择进行文字和图片的编辑,也有一些好看的模板可以选择,如图9-27所示。

图 9-27　发布完成

Lorikeet的装修板块的数据在ASC的首页也可以查看到,如图9-28所示。

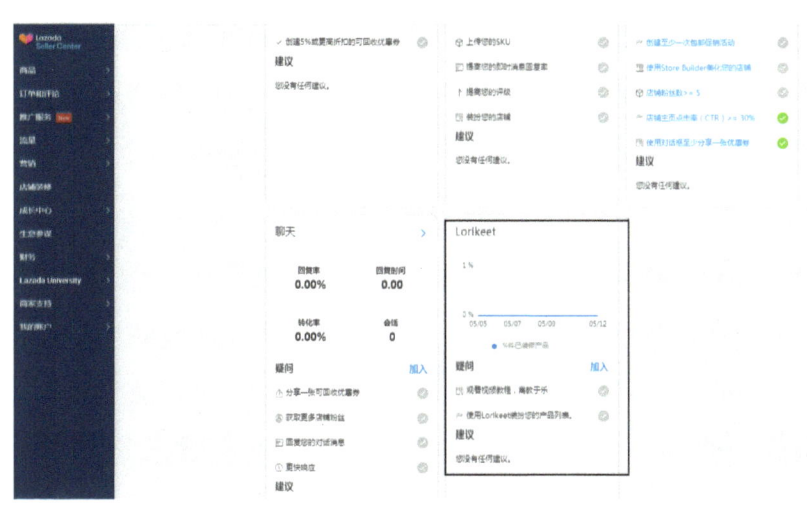

图 9-28　查看数据

9.3　旺铺装修

旺铺装修是店铺的个性展示，能够支撑更多私域流量的运营，好的店铺装修可以带来更多的转化。

（1）选择"店铺装修"选项，进入装修板块，如图 9-29 所示。

图 9-29　进入装修板块

（2）界面中有很多板块，PDP 链接的装修板块可以在"自定义页面"编辑。这里要选择"店铺主页"的装修，点击"编辑"按钮进入装修版面，如图 9-30 所示。

133

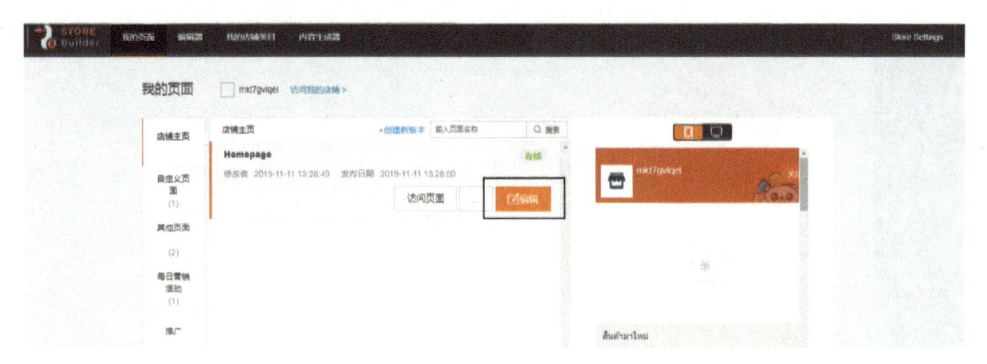

图 9-30　进入装修版面

（3）可以选择用 Lazada 上现有的装修模板，在模板上编辑，进行装修，如图 9-31 所示。

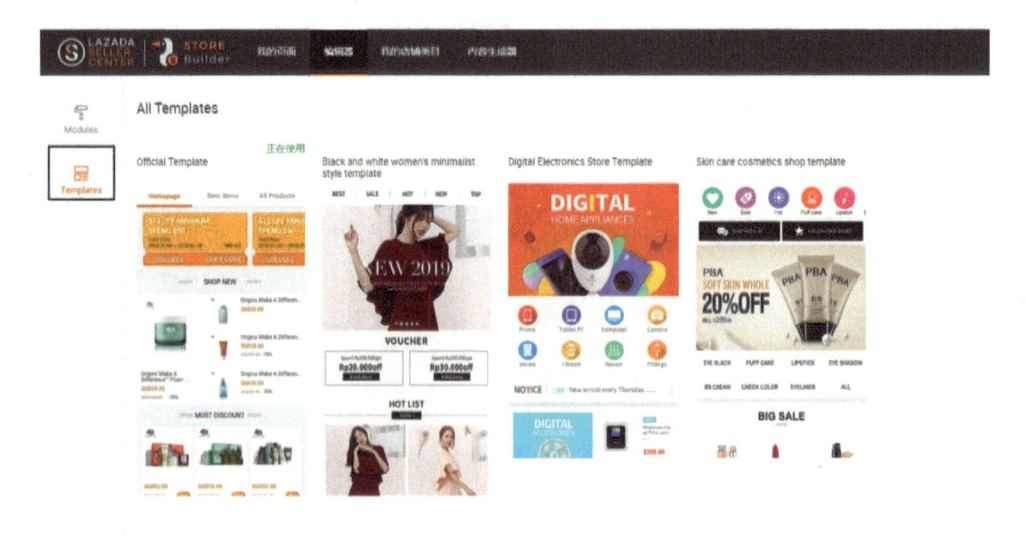

图 9-31　选择模板

（4）也可以自行装修，有很多板块：分别有类目、图片、Media、产品和促销，如图 9-32 所示。

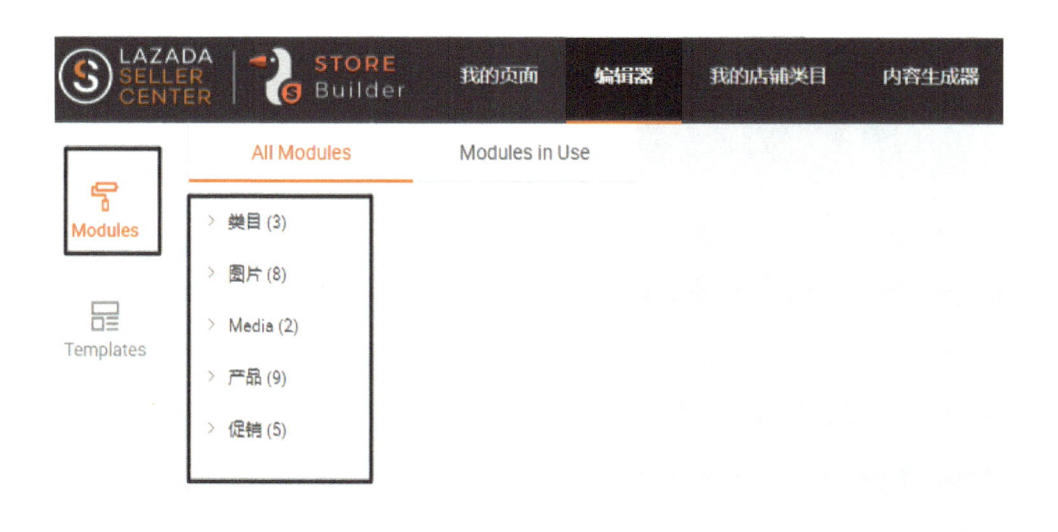

图 9-32　装修相关板块

（5）装修模板也可以自行选择，将所需的模板拖曳至装修页面即可编辑，如图 9-33 所示。

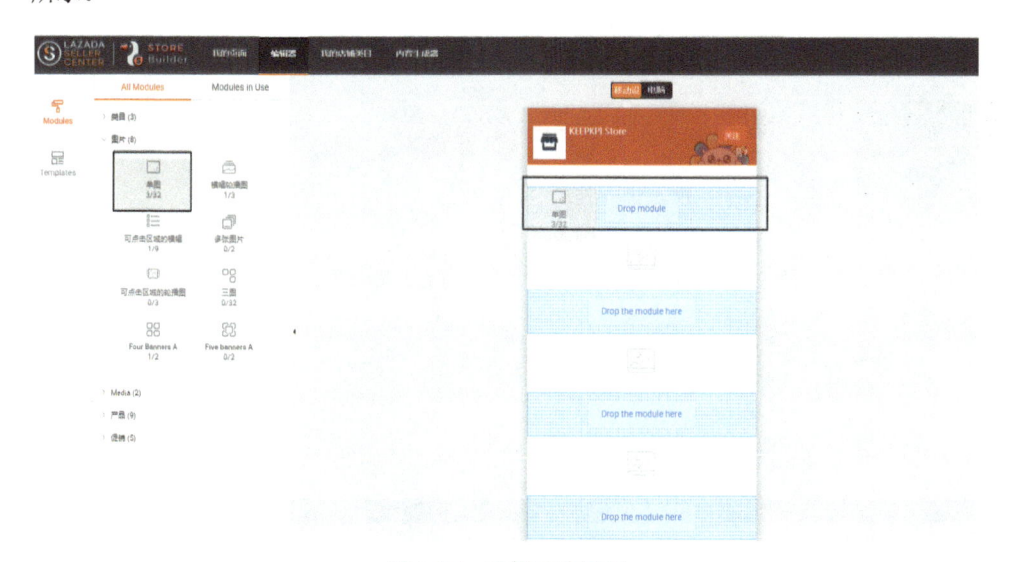

图 9-33　选择装修模板

（6）所有可以设置图片的横幅都可以放置链接。点击"1"区域的"+"按钮选择图片，点击"2"区域中的"设置链接"放置链接，点击"保存"按钮，完成设置，如图 9-34 所示。

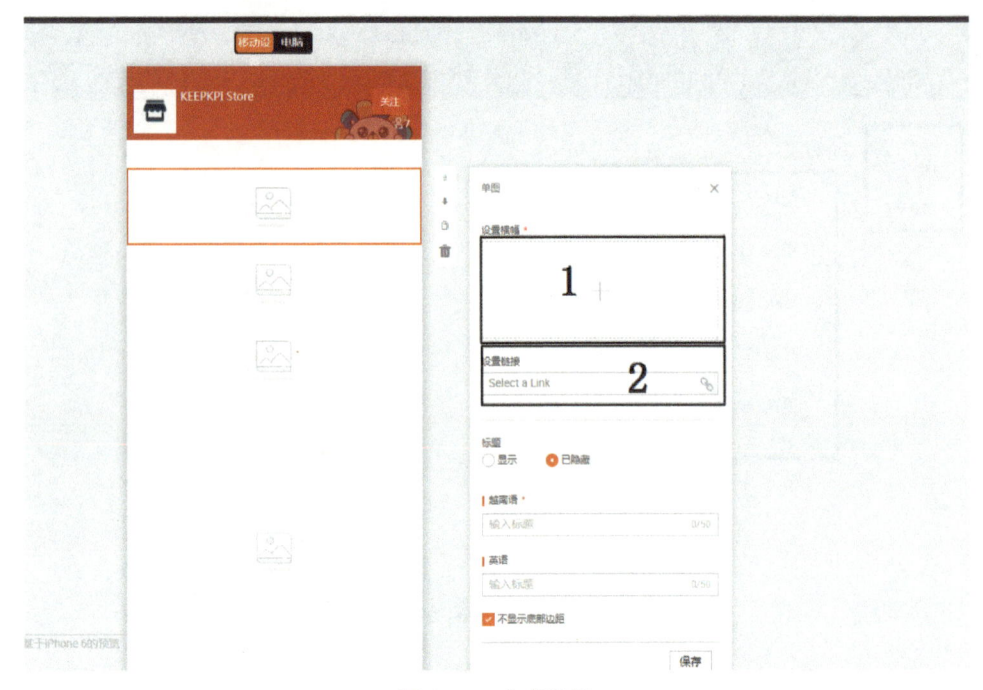

图 9-34　完成设置

（7）装修设置完成，点击"发布"按钮即可完成装修发布，如图 9-35 所示。

图 9-35　完成装修发布

（8）移动端的装修可以复制到电脑端，一般先装修移动端，然后一键复制到电脑端，如图 9-36 所示。

图 9-36　应用至电脑端

（9）选择"我的店铺类目"创建店铺导航，如图 9-37 所示。让买家清楚地知道你的店铺都售卖什么类型的产品，如图 9-38 所示。

图 9-37　创建新类目

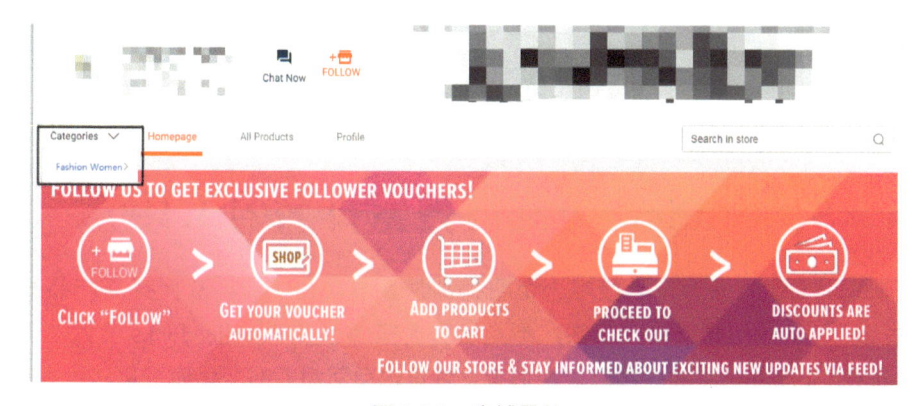

图 9-38　店铺导航

137

（10）设置店铺 LOGO，点击图 9-39 右上角的"Store Settings"按钮，如图 9-39 所示。在弹出的界面中点击"+"按钮选择一张店铺 LOGO 图片，点击"Save"按钮保存发布，如图 9-40 所示。

图 9-39　设置店铺 LOGO

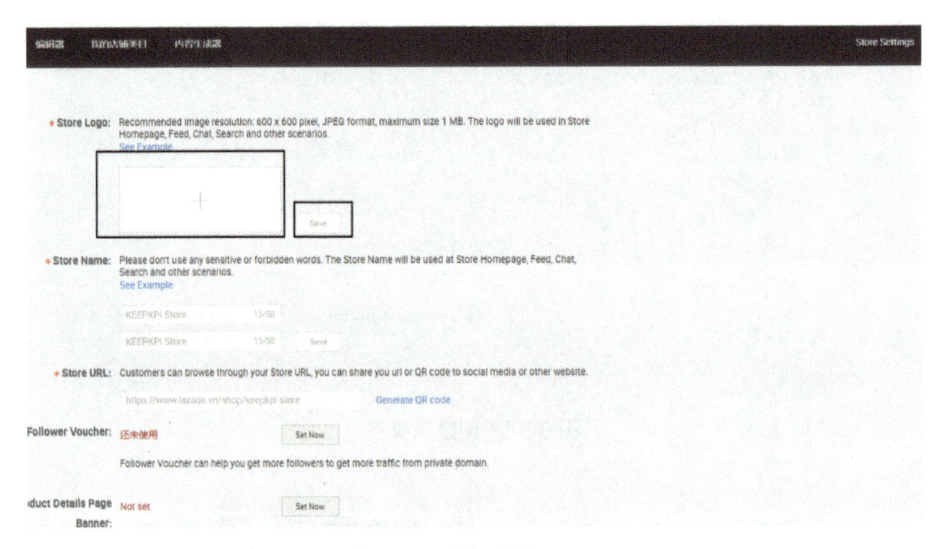

图 9-40　发布店铺 LOGO

9.4　Seller Picks（提高搜索排名的工具）

Seller Picks 是平台现阶段唯一免费提高搜索排名的工具，从而提高产品的搜索曝光度和产品的转化率。当然，不是所有商家都会拥有 Seller Picks 坑位，一般 LazMall 商家和各站点的头部商家会拥有。坑位也会随销售的变化而变化，最少有 3 个坑位。

（1）如想得到 Seller Picks 坑位，需要满足基本的四个条件，简称基本四要素。满足四个基本条件不一定能得到，但是不满足一定没有。

① Seller Rating（卖家评分）≥ 70%。

②多于 3 个 SKU 在线。

③ IM 回复率 ≥ 85%。

④完成店铺装修。

（2）如果是 LazMall 的商家，也需要有一些要求：

①马来西亚、泰国、菲律宾：除了满足基本四要素外，还要求是 KA 商家及高潜力（HPM）商家，以及类目转化率排名靠前的部分商家。

②新加坡、印尼、越南：除了满足基本四要素外，还要求是 KA 商家及高潜力（HPM）商家。

（3）Seller Picks 产品的设置如下。

①在 ASC 主页面，选择流量板块的"Seller Picks"选项，如图 9-41 所示。

图 9-41　Seller Picks 产品设置

②点击"Add Products"按钮，选择产品，如图 9-42 所示。

图 9-42　选择产品

③选择你要的产品，点击"Add"按钮即可添加产品，如图 9-43 所示。

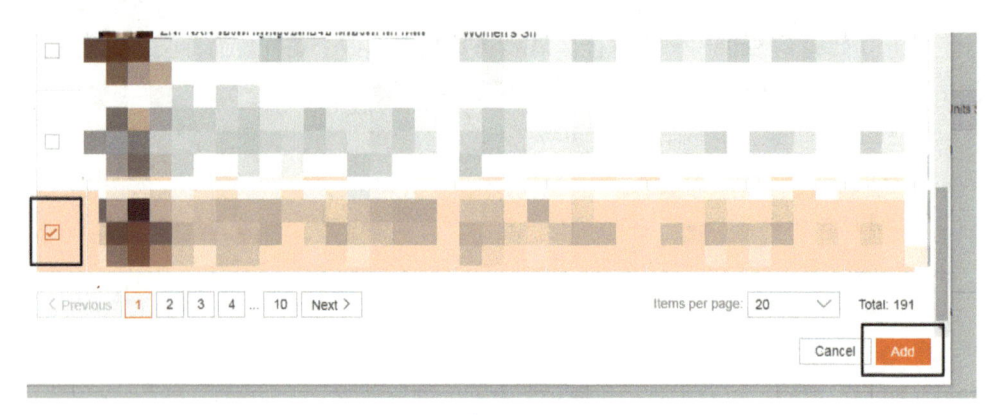

图 9-43　添加产品

（4）Seller Picks 产品的数据观察如下。

在"1"区域可查看额度使用情况，查看店铺有多少个坑位，是否全部使用；在"2"区域产品级 Seller Picks 表现下拉框，可以选择某款产品的数据表现；在"3"区域可查看页面浏览量，可以清楚地查看某一款产品在有 Seller Picks 和无 Seller Picks 的浏览量对比，如图 9-44 所示。

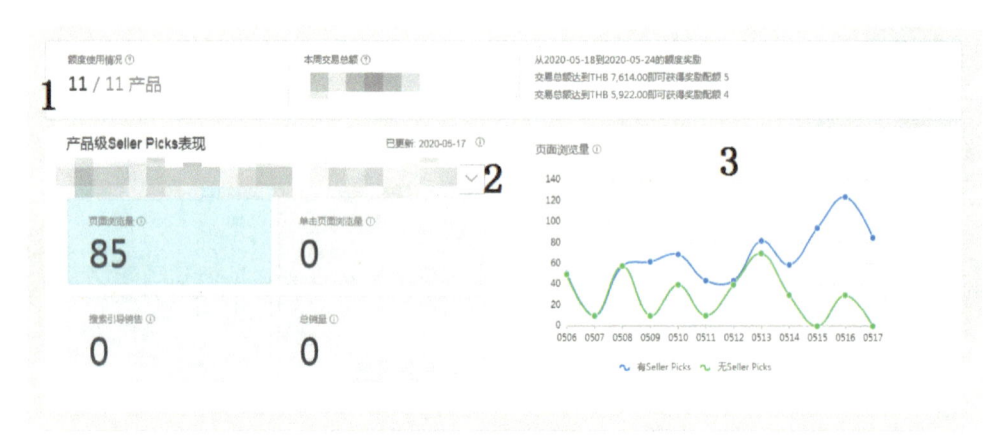

图 9-44　产品数据观察

提示：
- Seller Picks 名单每周一更新一次。
- 连续两周不使用 Seller Picks 的商家，将会被取消资格。

9.5　Flexi Combo（多件多折）

Flexi Combo 是卖家设置全店或选择部分产品满多少件（或者满多少金额）获得

第9章 店铺营销

一定额度折扣的一种优惠促销工具。

Flexi Combo 有两种类型，分别是 Percentage Discount（满折型）和 Money Value Off（满减型）。

满折型：包含满多少件打几折和满多少金额打几折。

满减型：包含满多少件减多少金额和满多少金额减多少金额。

（1）选择营销板块的"满减、多件优惠"选项，如图 9-45 所示。

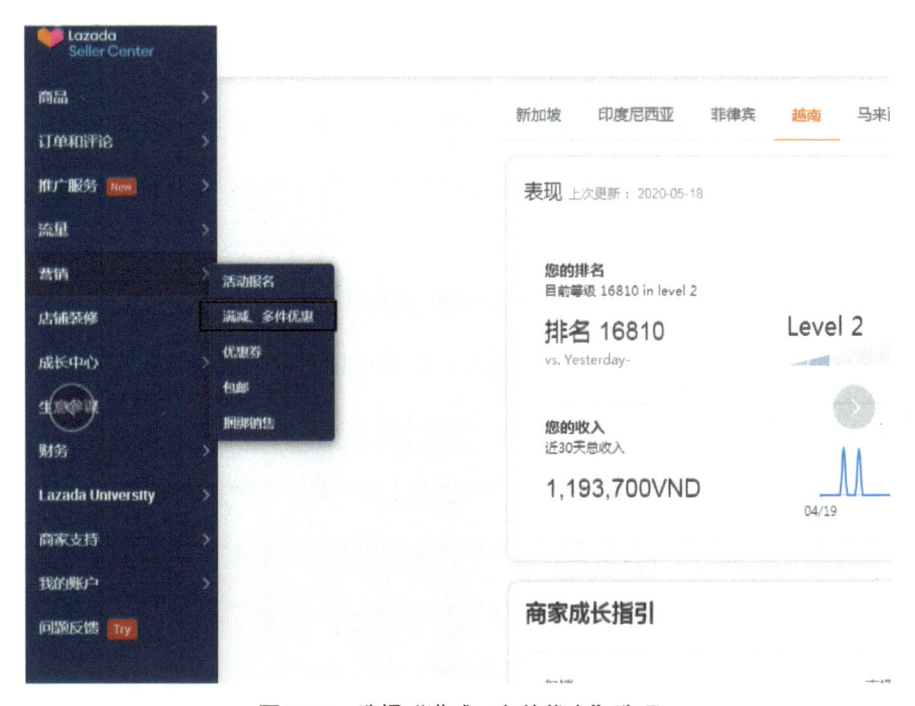

图 9-45　选择"满减、多件优惠"选项

（2）在弹出的界面中，点击"创建新促销"按钮创建一个新的促销，如图 9-46 所示。

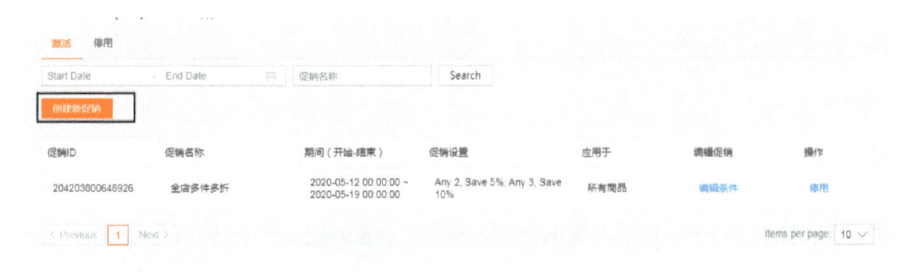

图 9-46　创建新的促销

（3）全店多件多折：按照页面填写好这个多件多折的信息，点击"确定"提交按钮促销活动，如图 9-47 所示。如果是做全店铺的多件多折，按图 9-47 设置即可。

141

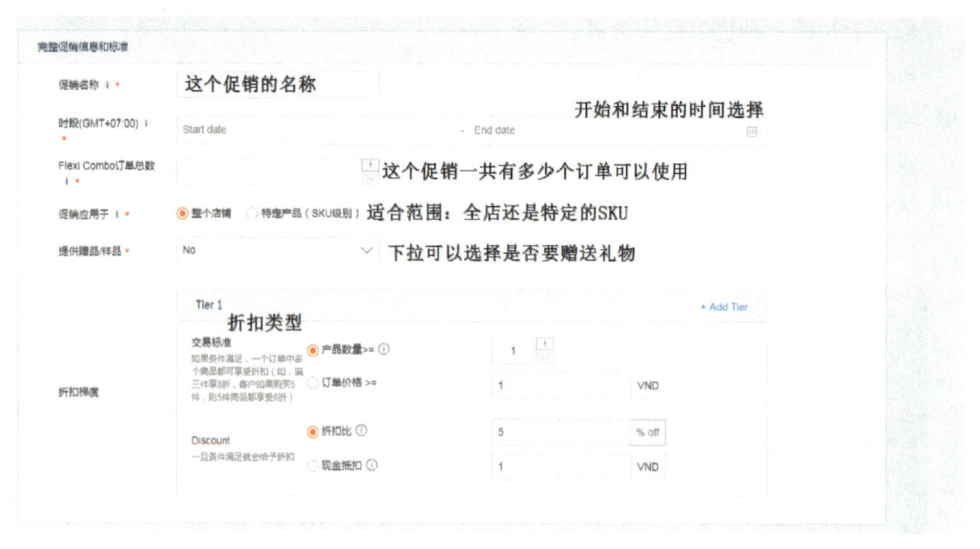

图 9-47　促销活动设置

（4）如果是特殊产品的多件多折，填写完图 9-47 的内容之后，点击"确定"按钮，会跳到选择产品的页面，如图 9-48 所示。

① SKU 比较多，可以用表格上传，点击"Download Template"链接下载模板，填写好产品的 SKU，点击"Upload excel"链接上传表格，即完成，如图 9-48 所示。

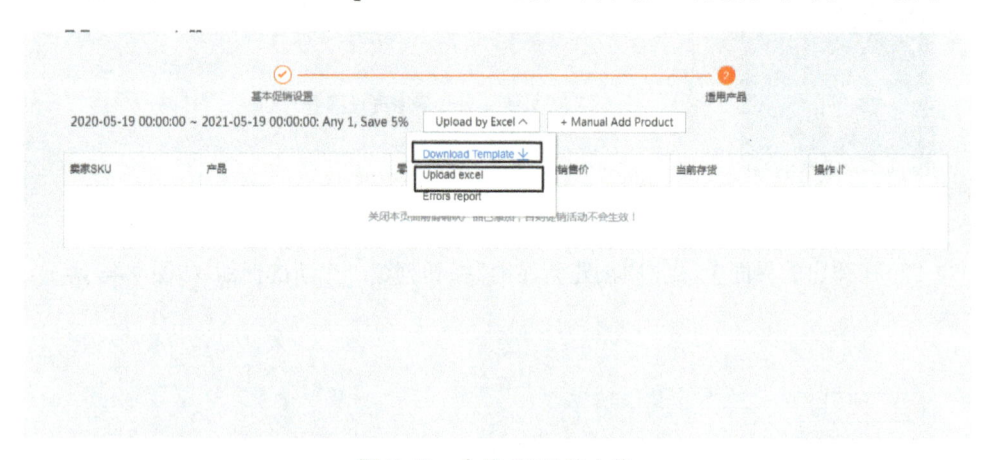

图 9-48　大量 SKU 的上传

② SKU 比较少，直接点击页面的"Manual Add Product"按钮手动添加产品，如图 9-49 所示。

图 9-49　少量 SKU 的上传

（5）优惠券的折扣类型有下面几种，可按如下图示设置。

①满多少件给多少折扣，如图 9-50 所示。

图 9-50　满件打折

②满多少金额给多少折扣，如图 9-51 所示。

图 9-51　满金额打折

③满多少件减多少金额，如图9-52所示。

图 9-52　满件减金额

④满多少金额减多少金额，如图9-53所示。

图 9-53　满金额减金额

> 提示：同一个时间段只能设置一个全店的"多件多折"，如是特殊产品，可设置多个特殊产品的"多件多折"。

9.6　Seller Voucher（优惠券）

这是一种帮助卖家提升销量和吸引流量的有效工具。优惠券也有两种类型：

（1）Voucher Code（编码型优惠券）：在结账时复制优惠券的编码，使用这个优惠券。由于比较复杂，一般不建议使用这种。

（2）Collectable Voucher（收集型优惠券）：消费者点击领取优惠券，将优惠券添加至"钱包"，结算时自动抵扣。

Seller Voucher 的设置方法如下。

（1）选择营销板块的"优惠券"选项，如图9-54所示。

第9章 店铺营销

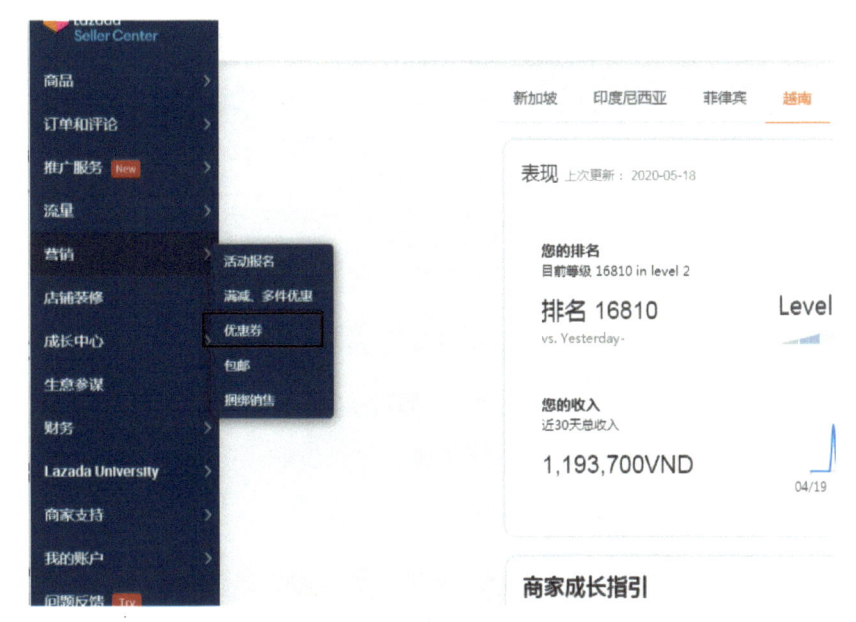

图 9-54 选择"优惠券"选项

（2）在弹出的界面中，可以查看以往所有设置的优惠券的情况。点击"创建优惠券"按钮创建新的优惠券，如图 9-55 所示。

图 9-55 创建优惠券

（3）根据需求选择并填写优惠券的信息，全店范围使用的优惠券，如图 9-56 所示。填写完信息，点击"确定"按钮完成设置。

145

图 9-56　设置优惠券

> **提示：**
> （1）优惠券的展示类型：
>
> 　　常规页面：常规渠道展示。
>
> 　　店铺粉丝：粉丝渠道，粉丝才能领取的优惠券。
>
> 　　线下：线下渠道，卖家发送优惠券给买家领取使用，不在页面展示。
>
> 　　直播间：直播展示领取使用的优惠券。
>
> （2）优惠券的类型：
>
> 　　金额型优惠券：如图 9-57 所示。

图 9-57　金额型优惠券

折扣型优惠券：如图 9-58 所示。

图 9-58　折扣型优惠券

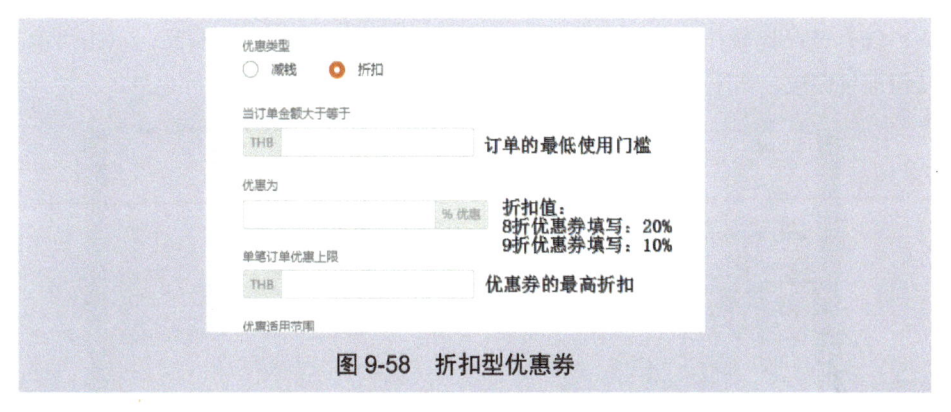

（4）设置部分产品的优惠券，需在图 9-56 中的"优惠使用范围"区域选择，点击"确定"按钮跳转到选择产品页面，如图 9-59 所示。

图 9-59　部分产品的优惠券

（5）产品比较多：可以批量上传。点击"批量上传"按钮，在弹出的界面中点击"下载模板"链接，填写好 SKU 信息，然后点击"Upload"链接完成上传，如图 9-60 所示。

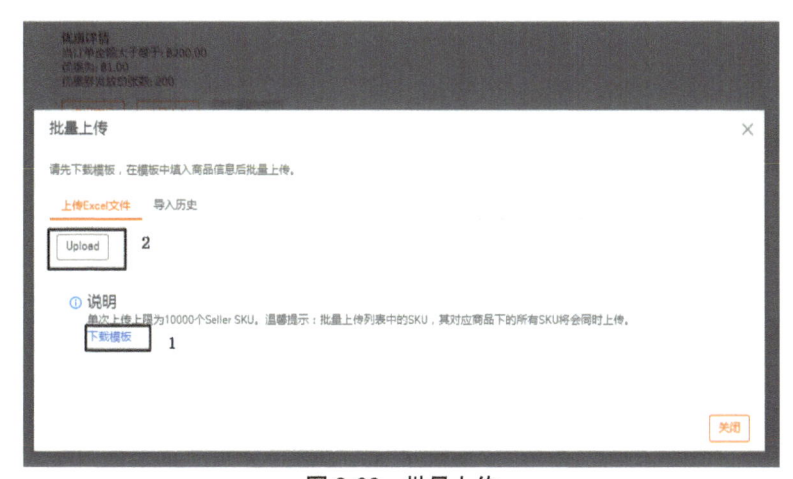

图 9-60　批量上传

（6）产品比较少：直接点击"选择商品"按钮，手动添加商品，点击"确定"按钮即可完成，如图 9-61 所示。

图 9-61　手动上传

9.7　Free Shipping（包邮）

Free Shipping 由卖家设置，单笔订单满足设置的包邮门槛后，由卖家承担买家需支付的末端运费，刺激买家凑单提升单笔订单金额的促销工具。可以设置满多少金额包邮或者满多少件包邮，设置包邮之后，前台会有绿色的小车展示包邮，如图 9-62 所示。

第9章　店铺营销

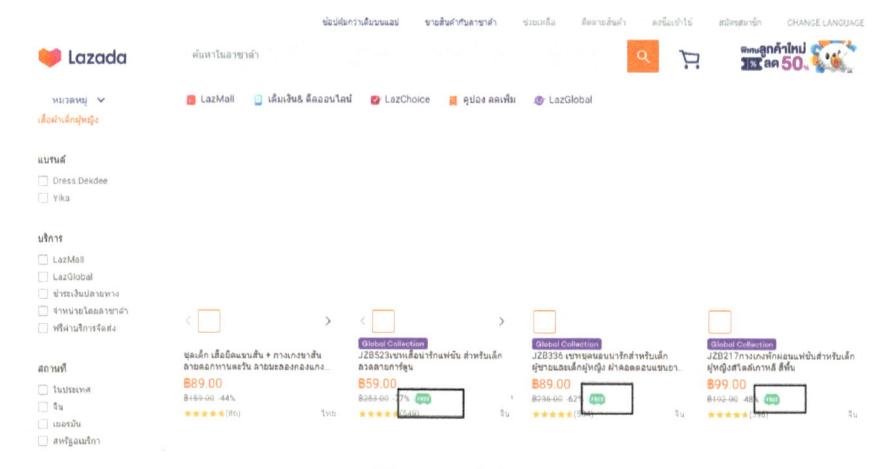

图 9-62　包邮标志

（1）选择营销板块的"包邮"选项进入包邮展示页面，如图 9-63 所示。

图 9-63　选择"包邮"选项

（2）在包邮的展示页面中，点击"价目表"链接可以查看各个地区的运费，点击"创建新促销"按钮创建一个新的包邮，如图 9-64 所示。

149

图 9-64　创建新促销

（3）根据需求填写好信息，点击"提交"按钮提交，如图 9-65 所示。

图 9-65　提交包邮设置

应用于全店的包邮设置：选择应用于"整个店铺"选项，然后点击"提交"按钮。

应用于特殊产品的包邮：选择应用于"特定产品（SKU 级别）"选项，点击"发布商品"按钮，选择好产品，点击"提交"按钮提交，如图 9-66 所示。

图 9-66　特定产品包邮设置

> 提示：单笔订单补贴上限为一个订单最大包邮的金额。
> 例子：一个订单的邮费是 5 元，卖家设置包邮上限是 4 元，那么卖家出邮费 4 元，买家出邮费 1 元。如果订单的邮费达不到卖家设置的上限，则邮费全部由卖家支付。

9.8　Bundles（捆绑）

卖家可将多件产品绑定为一个促销套装，从而提高客单价。Bundles 功能和 Flexi Combo 类似，同一款 SKU 做了 Flexi Combo，再做 Bundles，会互斥，所以两者二选一即可。有四种模式的捆绑：

（1）Quantity（数量捆绑）：以特别折扣售卖多件同款产品。
（2）Buy 1 Get 1 Free（买一送一）：买家以一件的价格可以购买两件产品。
（3）Free Gift（赠品）：售卖一件产品，并额外免费赠送一件产品。
（4）Combo（套装捆绑）：售卖包含不同产品的套装，其中一件或多件打折。

具体设置步骤如下。

（1）选择营销板块的"捆绑销售"选项，如图 9-67 所示。

图 9-67　选择"捆绑销售"选项

（2）在弹出的捆绑销售的页面，可以查看以往的设置。点击"添加新促销"按钮创建新的促销，如图9-68所示。

图9-68　创建新促销

（3）在弹出的界面中填写需要捆绑的信息，点击"提交"按钮保存，如图9-69所示。

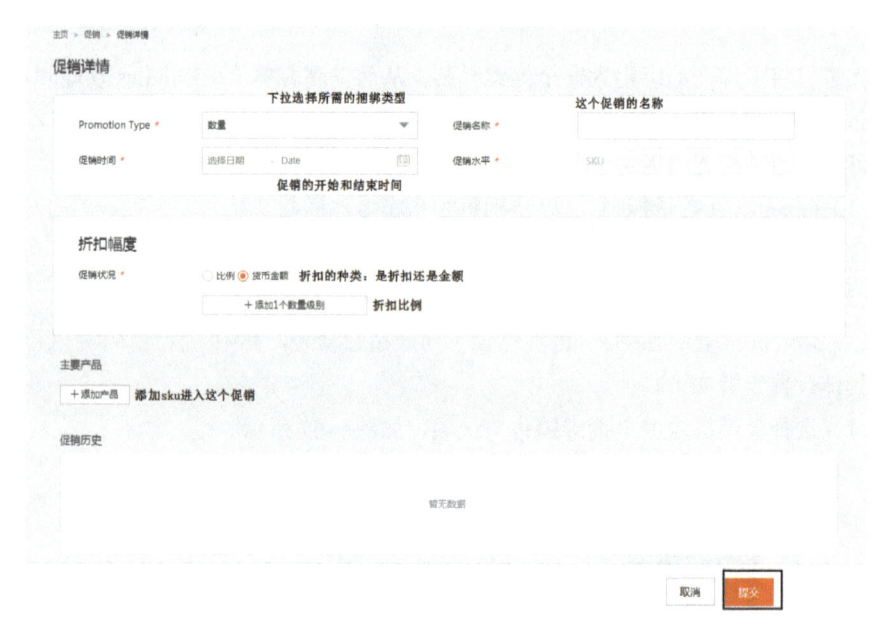

图9-69　填写捆绑信息

下面将对捆绑的四种模式做简单介绍。

（1）Quantity（数量捆绑）：如图9-70所示，可根据需要进行设置。

图 9-70　数量捆绑

（2）Buy 1 Get 1 Free（买一送一）：直接选择要做买一送一活动的 SKU，如图 9-71 所示。

图 9-71　买一送一

（3）Free Gift（赠品）：如图 9-72 所示，可根据需要设置。

图 9-72　赠品

（4）Combo（套装捆绑）：如图 9-73 所示，可根据需要设置。

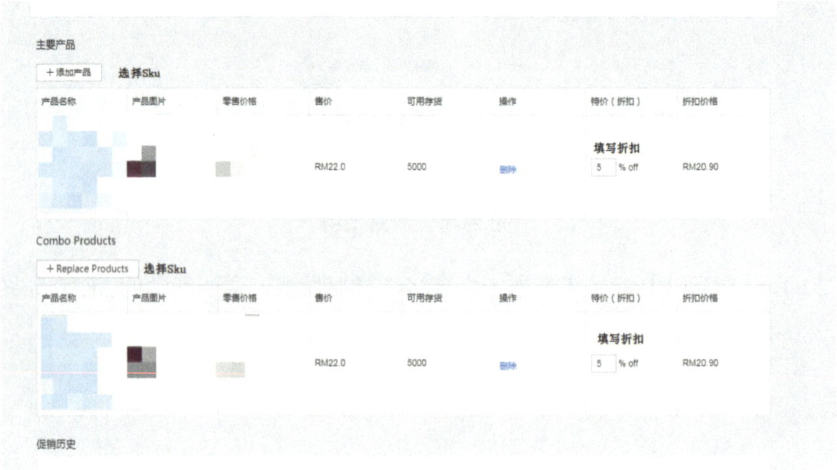

图 9-73　套装捆绑

提示：同一个捆绑促销中的各个产品无法拆单发货。

9.9　Sponsored Solutions（推广服务）

Lazada 推出的付费的推广服务，包含有 Sponsored Affiliates（联盟推广）和 Sponsored Search（搜索推广，也就是直通车，简称 P4P）。

9.9.1　Sponsored Search（搜索推广）

这是一种高效便捷的推广方式，帮助消费者在 Lazada 搜索结果中发现你的店铺和商品。此推广方式按照商品点击收费，只有产品被点击之后才收费。设置如下：

（1）选择推广服务板块的"搜索推广"选项，如图 9-74 所示。

第9章 店铺营销

图 9-74 选择"搜索推广"选项

（2）勾选同意条款，开始使用 P4P，如图 9-75 所示。

图 9-75 勾选同意条款

（3）点击"创建您的第一个搜索推广计划"按钮，创建推广计划，如图 9-76 所示。

图 9-76　创建新搜索推广

（4）填写这个搜索推广的基本信息并选择产品，点击"下一步"按钮，如图 9-77 所示。

一个推广只能选择 5 款产品。

图 9-77　填写信息并选择产品

（5）选择产品的关键词和竞价价格，如果系统推荐的关键词不合适，可以自己在搜索页面搜索关键词。点击"提交"按钮即完成一个搜索推广，如图 9-78 所示。

图 9-78　完成一个搜索推广

第9章　店铺营销

（6）点击"充值"按钮，确保有足够的推广账户余额来启动搜索推广，如图 9-79 所示。

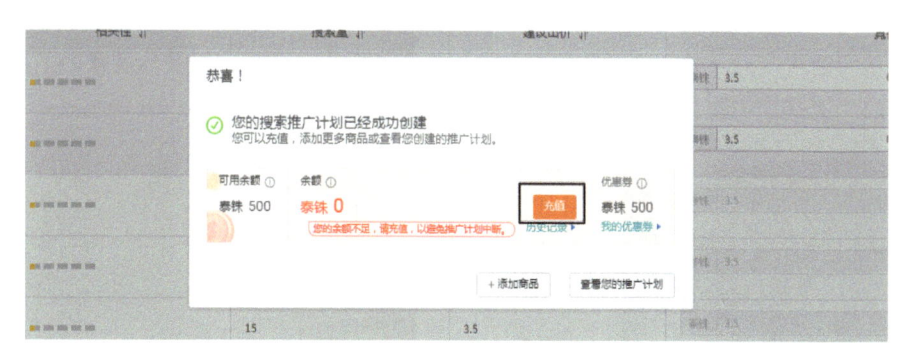

图 9-79　充值

（7）查看所设置的搜索推广计划的基本信息，也可查看关键词，如图 9-80 所示。

图 9-80　查看设置

（8）要进行推广效果的整体信息查看，可选择推广服务的"推广效果"选项，如图 9-81 所示。

图 9-81　选择"推广效果"选项

157

9.9.2 Sponsored Affiliates（联盟推广）

这是一种按推广效果付费的推广方式，即商家和推广商（即联盟推广机构）合作宣传和销售产品，并按实际销售商品支付佣金的网络推广模式。具体设置如下。

（1）选择推广服务的"联盟推广"选项，如图9-82所示。

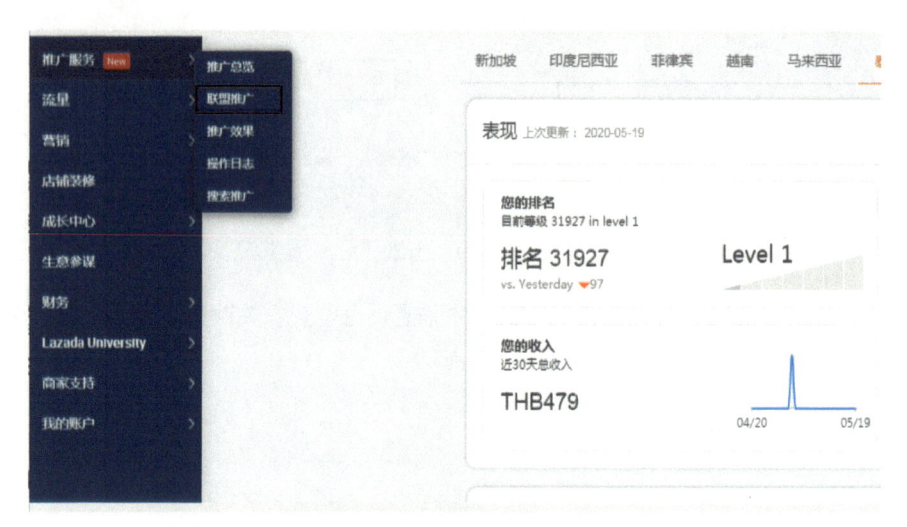

图9-82 选择"联盟推广"选项

（2）点击"设置我的联盟推广"按钮，如图9-83所示。

图9-83 创建新联盟推广

（3）填写基本的推广信息，点击"提交"按钮提交，如图9-84所示。

图 9-84 填写并提交推广信息

（4）也可以为一些商品设置额外的商品佣金，如图 9-85 所示，可以点击"设置商品佣金"按钮。

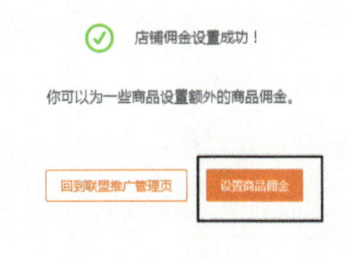

图 9-85 设置商品佣金

（5）选择商品，设置单个商品的佣金率，如图 9-86 所示。

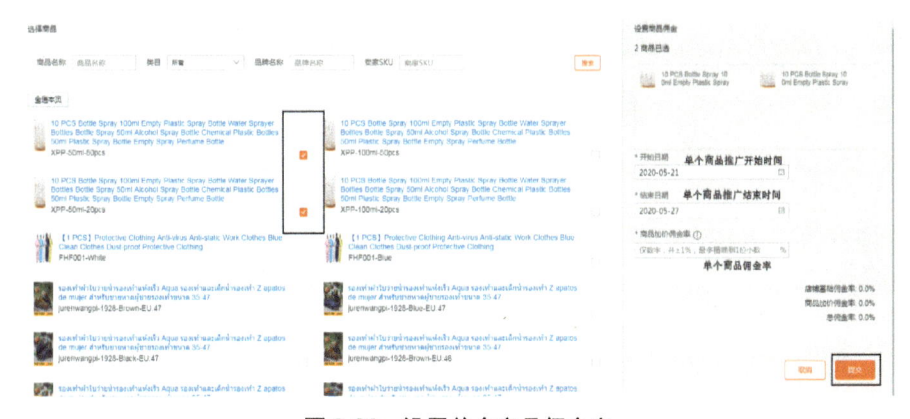

图 9-86 设置单个商品佣金率

（6）可以总体查看推广服务的效果，如图 9-87 所示。

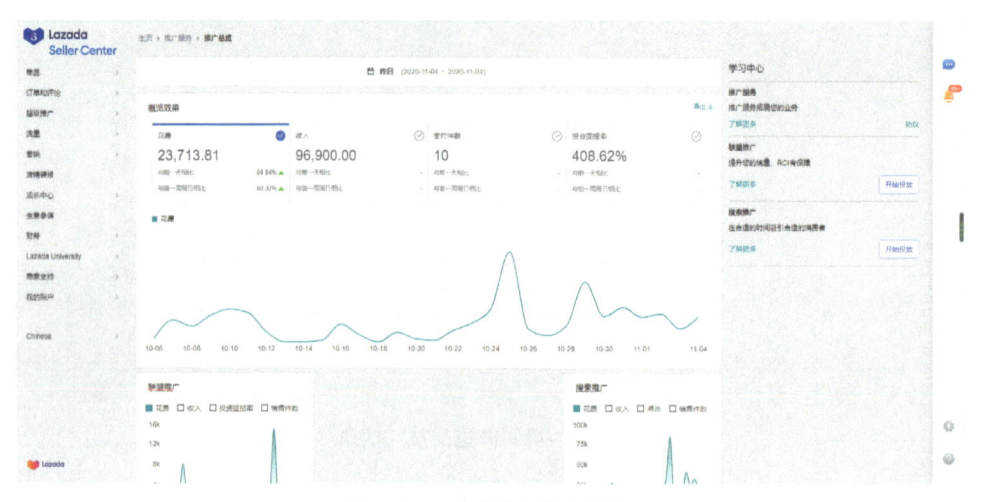

图 9-87　查看推广服务效果

（7）也可以查看推广服务的操作日志，如图 9-88 所示。

图 9-88　查看推广服务的操作日志

第10章

数据分析

10.1 生意参谋介绍

作为一位经商者，无论是在传统行业还是电商行业，都会用到数据分析。例如，在传统行业中，很多开在小区附近的烟酒店，其老板没有数据软件，甚至没有ERP，但这些老板很清楚什么牌子的香烟卖得好、店铺每天在什么时间客人最多等，这是一些无形的数据。在具备数据分析或者 ERP 等辅助工具的电商行业，还可以将数据化为有形的文字来帮助企业经营。数据分析是大势所趋。如果要成为一位成功的卖家，不仅要对数据足够的敏感度，更要有可靠的数据来源，以便分析商品的各种销售状态。老板或者运营人员，要时刻掌握店铺的经营状况。为了帮助卖家实现数据化的管理，Lazada 平台为我们提供了生意参谋（Business Advisor）这个工具。

笔者在近两年和商家交流的过程中，很多卖家都说以前用生意参谋可以查看的数据不多，在 2017 年以前开始做 Lazada 运营的卖家都知道，生意参谋这个工具上架的时间并不长，但是各类功能在被平台不断地优化，优化的过程都是依托于商家对数据的各类诉求，核心的目的还是帮助商家们分析如何去经营店铺。下面就和大家一起来拆分讲解对生意参谋的一些使用心得。

什么是生意参谋？答案很简单：一站式掌握经营数据，助你增长销量。在分析和使用的过程中，不要让数据成为"过眼云烟"。在阅读这部分内容的时候多去思考两个核心问题：为什么某一部分数据是这样？我应该如何去处理？最后，配合一些分析的表格，来分析解决问题。生意参谋的设计开发是围绕着下面的基本公式进行的。

$$营业额 = 流量 \times 转化率 \times 客单价$$

商家们最重视的永远是营业额或是三项核心数据的提升，但往往忽略了数据波动。当采集足够多的数据后你会发现，原来店铺的数据并不平稳，但商家经常会忘记思考为什么？

我们先来解读一下 Lazada 平台的生意参谋。

每次进入商家后台，平台都会向商家展示一部分经营数据以及店铺健康情况，如图 10-1、图 10-2 所示。

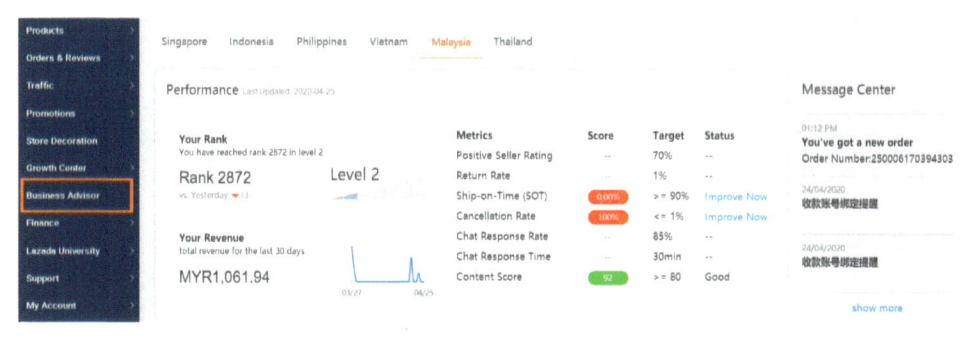

图 10-1　英文版

图 10-2　中文版

生意参谋这个工具的诞生，主要有三个核心目标：
（1）通过不同的指标查看店铺的总体表现，关注重点需要改善的问题；
（2）细致到 SKU 层面的数据帮助商家获得宝贵的业务透析；
（3）持续更新客户感兴趣的商品。

图 10-1 和图 10-2 分别是店铺后台同时间的中英文对照，后文将会在所有图例中全部使用中文版以方便大家更直接地了解复杂的数据面板。这里可以看到 Lazada 店铺所覆盖的六个国家的经营情况，既能掌握店铺排名和实时交易金额，也可以了解店铺的健康状态。

10.2　详解生意参谋

10.2.1　首页面板（Dashboard）

点击生意参谋以后，呈现出的是首页面板，这里涵盖了店铺实时经营的基本数据和整体的数据概况，整个首页重点包括四个部分。图 10-3 所展示的是第一部分。

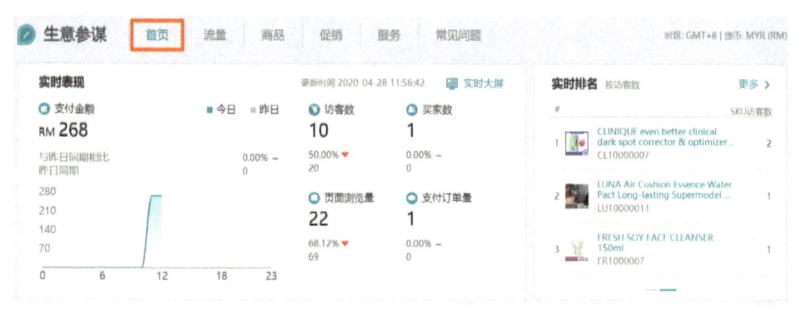

图 10-3　生意参谋首页

这里需要注意的是，整体数据表现是在每天早上 9 点整更新，而且是东八区时间。

实时表现（Realtime Performance）：当天各时段数据展示，刷新时间为 2~3 秒 / 次，内容包括支付金额（Revenue）、访客数（Visitors）、买家数（Buyers）、页面浏览量（Pageviews）以及支付订单量（Orders）。

实时监控面板（Live Monitor）：可点击进入查看店铺每天实时数据的表现。

实时排名（Realtime Ranking）：可点击右上角的"更多"（More）按钮，查看销售量排名前 100 和访客数排名前 100 的商品。

在首页中第二部分是店铺的关键指标（Key Metrics），如图 10-4 所示。在这里可以查看并下载一部分核心数据的报表。

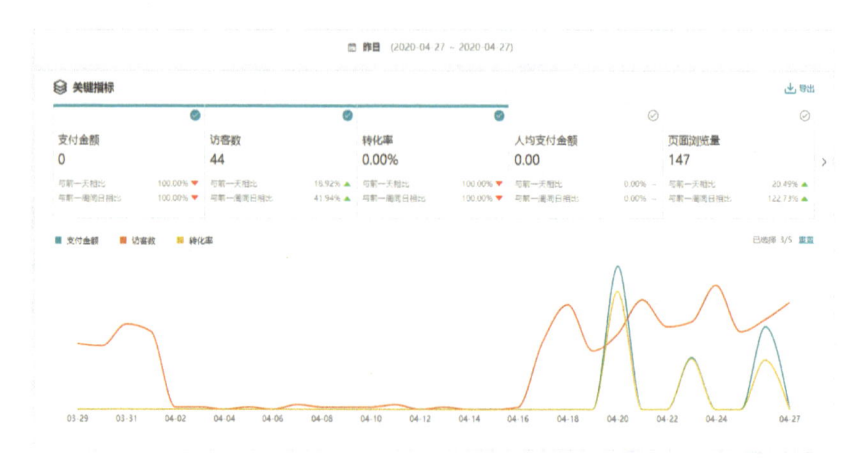

图 10-4　关键指标面板

如图 10-4 所示，这部分可以选择查看几种时间节点的数据，并且点击右侧的"导出"按钮可以下载 Excel 表格：

- 昨天（Yesterday）
- 过去 7 天（Last 7 Days）
- 过去 30 天（Last 30 Days）

- 按照单日选择（Day）过去 90 天中的某一天
- 按照单周选择（Week）过去 14 周中的某一周
- 按照单月选择（Month）过去 13 个月中的某一月

在生意参谋首页，图 10-4 下方的曲线图中，只能在图 10-5 中的 15 个数据指标中任选 5 个。讲到这里不得不重点说明，由于存在历史时间上限问题，例如按月选择最多可以搜寻到过去 13 个月中的某一天，假设在 2020 年 4 月，想要回顾 2018 年双 11 的数据是搜寻不到的。所以，一定要在重大活动以及数据变化较大的时间段养成保存数据的习惯，如果可以做到每天坚持保存并跟踪数据就更好。这 15 项数据分别是：

- 支付金额（Revenue）
- 访客数（Visitors）
- 转化率（Conversion rate）
- 人均支付金额（Revenue per buyer）
- 页面浏览量（Pageviews）
- 买家数（Buyers）
- 支付订单量（Orders）
- 单均支付金额（Average Order Value）
- 已售件数（Units sold）
- 购物篮大小（Average Basket Size）
- 访客价值（Visitor Value）
- 加购人数（Add to cart visitors）
- 加购件数（Add to cart units）
- 心愿单人数（Wishlist visitors）
- 心愿单数量（Wishlist）

图 10-5 15 个数据指标

首页的第三部分是产品数据看板（Product Dashboard），用来查看所出售商品的热销和滞销表现。

这里的内容直观地展示了"产品"的相关数据，通过这些数据可以实时地掌握店铺产品的相关问题。很多商家容易忽略这部分内容，甚至看到了问题也不去解决，这样是不利于店铺良性发展的，如图 10-6 所示。

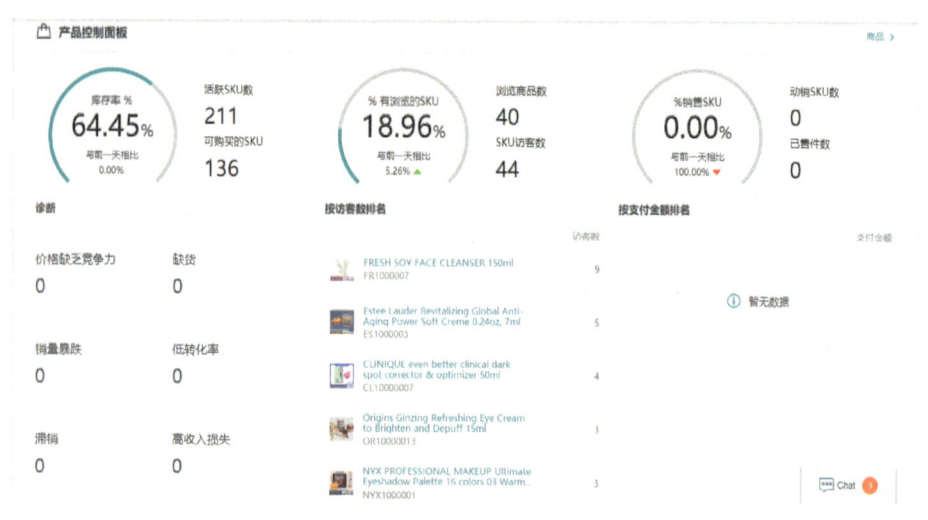

图 10-6　产品控制面板

- in stock（%）　　可购买占比（越高越好）
- viewed SKUs（%）　　有浏览占比（越高越好）
- selling SKUs（%）　　有支付占比（越高越好）
- Ranking by Visitors and Ranking by Revenue　　热销 SKU "访客榜" 以及 "下单金额榜"

滞销 SKU 诊断数据（Diagnosis for underperforming SKUs），这其中的诊断内容又包括 6 项数据：

（1）价格缺乏竞争力的商品数量　　Price Uncompetitive

解读：在 SKU 列表中，价格高于 Lazada 或其他平台价格

（2）缺货数量　　Short of Stock

解读：7 日内即将售罄的 SKU。

（3）销量暴跌数量　　Revenue Dropping

解读：近 7 日支付金额下降超过 30%。

（4）低转化率　　Low Conversion Rate

解读：近 7 日转化率较同类目（一级类目）产品平均转化率低于 30%。

（5）滞销　　Not Selling

解读：近 90 天内创建但近 7 日滞销的 SKU 数量。

（6）高收入损失　　High Revenue Loss

解读：不可购买的 SKU 包括缺货和无效 SKU。收入损失是在库存正常、SKU 有效的情况下根据销量情况预测得来的。

首页的第四部分为促销工具面板（Promotion Tool Board），如图 10-7 所示。该部分体现的是各类工具的使用效果，在这部分可以让商家了解自己的优惠券等工具为店铺贡献了多大的销售额。这其中包括：

- 引导支付金额（Guided Revenue）
- 单均支付金额（Average Order Value）
- 购物篮大小（Average Basket Size）

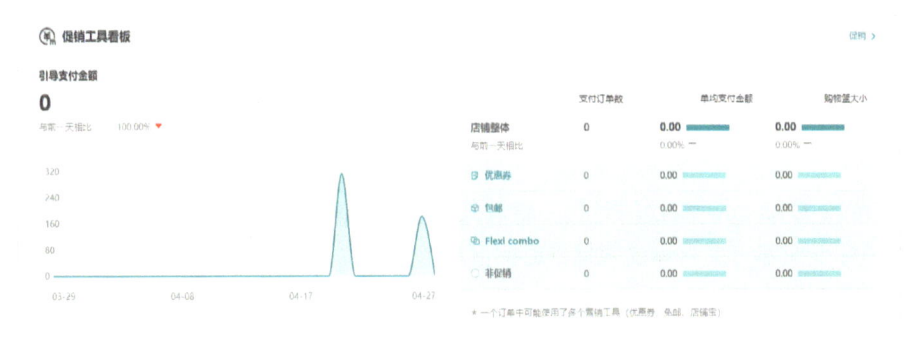

图 10-7　促销工具面板

10.2.2　流量（Traffic）面板

店铺的流量情况如何？流量从哪里来？这些问题都可以在流量面板中找到答案。很多基础数据的汇总与采集也从这里开始。商家们通常会通过流量面板总结和分析流量发生的各类情况，再来想办法解决问题。

第一部分内容是流量的详细信息，如图 10-8 所示。

图 10-8 流量面板

Traffic Overview（流量概览）：查看最近一段时间内店铺的一些流量数据，三个关键指标下面都有更具体的数据。时间区间的选择如同图 10-4 一样，可以在指定的时间范围内查看有关数据。

- 总流量（Total Traffic）：浏览过您的店铺的客户数量（包括店铺和所有产品页面）
- 产品流量（Traffic to Proucts）：浏览过您的产品页面的客户数量
- 转化（Convertion）：访客中下单的客户数量
- 访客数（Visitors）：浏览过您的店铺的客户数量（包括店铺和所有产品页面）
- 页面浏览量（Pageviews）：客户浏览您的商店的总次数（包括店铺和和所有产品页面）
- 粉丝数（Followers）：店铺粉丝
- 新粉丝（New Followers）：店铺新增粉丝数
- 取消关注数量（Unfollows）：取消关注您的店铺的粉丝数

流量详情的另一个组成部分是页面流量情况（Traffic by Page），如图 10-9 所示。在这里可以分别查看手机端和电脑端的数据。需要商家注意的是，页面的流量状况也会遵循一定的分析数据：

- 店铺首页（Store Homepage）：浏览过店铺首页的客户数量
- 产品详情页面（Product Detail Page）：浏览过产品详情页的客户数量（点击此区域可查看具体产品的流量）
- 店铺其他页面（Other Store Pages）：访问其他店铺页面的客户数量（包括 Profile、All Products、大促页面、Feed、Category、Search）

第10章 数据分析

图 10-9　页面流量面板

如图 10-9 所示，由于客户绝大部分来自默认搜索，会优先到达产品详情页，所以大多数店铺的详情页访问量一定最大。但店铺首页访问量太少，说明首页不具备强烈的吸引力，没有增加有力的促销方案和广告，又或者店铺积累的基础粉丝不够多。假设一个店铺在双 11 大促或者其他有特殊促销的时间段内，店铺其他页面访问量低的原因，也和首页访问量低的原因相同，解决方案是在详情页内加强关联销售、引导加购收藏力度以及增加具有吸引力的广告、营销方案和内容。

第二部分内容是流量来源（Traffic Structure），如图 10-10 所示。

图 10-10　流量来源面板

和国内淘宝平台不一样的是，Lazada 平台客户的访问时间虽然同样碎片化，但流量的入口基本上还集中在几个大的地方。

（1）Lazada Guided Traffic：通过 Lazada 功能和工具（例如搜索）将客户引至产品或店铺的流量。毋庸置疑，流量无论来源于哪些地方，都是越多越好。很多的店铺 Feed（Lazada 版微淘）来源基本为 0，证明 Feed 这个免费的流量还没有开始运营，十分可惜。大家都知道在 Lazada 上不需要花费太多推广的费用，甚至想花钱买流量也没有相关工具。很多人认为流量数据指标提升是好事，很容易忽略及时分析指标提升的原因，其实默认搜索出现波动的时候一定要分析原因。

（2）Customer-Initiated Traffic：客户自己（例如从购物车或订单页面）找到产品或商店的流量。

（3）External Traffic：来自 Lazada 外部的流量。例如社交媒体、其他网站和搜索引擎。小提示：您可在社交媒体或其他网站上推广您的商店，并使用搜索引擎优化来吸引客户（外部流量数据正在创建中，即将发布）。

最后是流量建议（Traffic Advisory），这里是针对店铺的流量表现得出的总结。如图 10-11 所示，可以看到"店铺大部分流量来源""访客数最多的来源"等数据，您可参考该总结对店铺及产品进行优化。

Select seller picks SKU now：点击选择参加 seller picks 的 SKU。

图 10-11　流量建议

10.2.3　商品（Product）页面

实时排名（Realtime Ranking）提供更多关于热销产品和高访问量产品的详情，如图 10-12 所示。这部分内容让商家可以最直观地查看商品经营的交易情况：

- 支付金额排名前 100（Revenue Top 100）：销售额排名前 100 的产品
- 访客数排名前 100（Visitor Top 100）：访客数排名前 100 的产品

图 10-12　实时排名

第10章 数据分析

（1）商品概览（Performance）页面如图 10-13 所示。
- 选择时间，在特定的时间范围内查看数据
- 通过类目、品牌进行筛选，通过商品 SKU 或商品名称进行搜索
- 点击选择指标，查看 SKU 层面的详细数据及排名（最多选择 5 个指标）
- 此处显示已选择指标下的 SKU，点击商品名称（或…）可跳转至产品前台
- 可点击上下箭头进行排序
- 点击"导出"按钮下载数据（一次最多下载 2000 行数据）

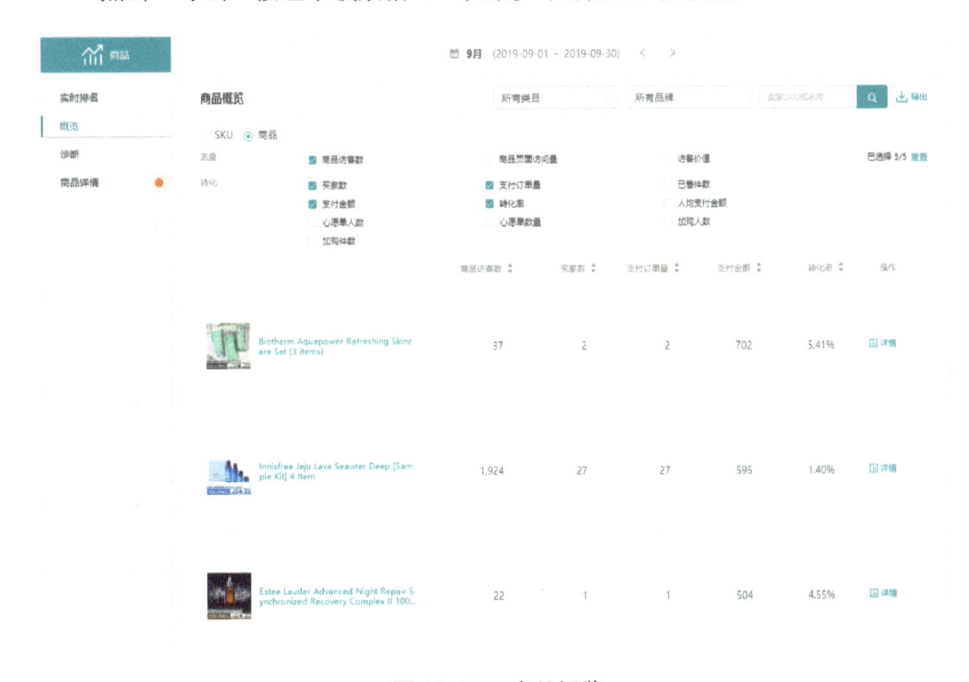

图 10-13　商品概览

（2）商品诊断（Diagnosis）页面，如图 10-14 所示。这部分内容是 Lazada 通过数据分析计算出商家店铺商品存在的六类问题：缺乏价格竞争力、缺货、销量暴跌、低转化率、滞销以及高收入损失。如果发生了这些情况，系统会在相应的情况后边展示有问题商品的数量，商家可以直接点击查看。
- 点击查看每项诊断下的 SKU 列表以及改进建议（最多查看 500 个 SKU）
- 根据选项，给出具体诊断及改进建议
- 各 SKU 的历史数据
- 此处显示已选择指标下的 SKU。点击商品名称（或…）可跳转至商品前台

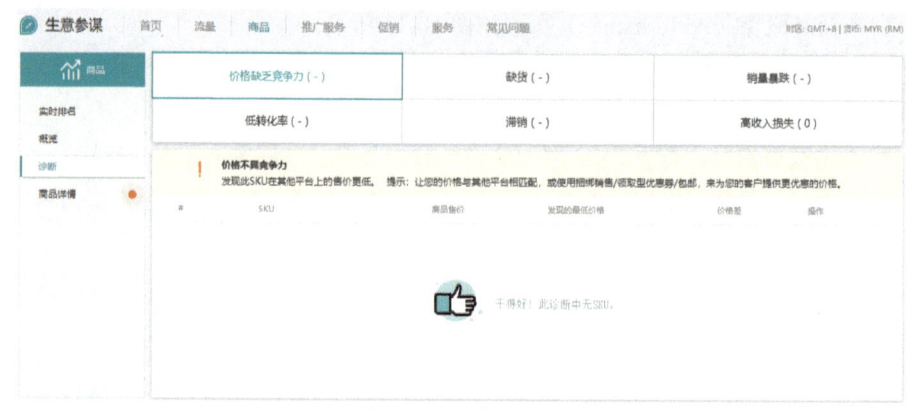

图 10-14　诊断页面

10.2.4　促销（Promotion）页面

（1）按优惠券种类查看，如图 10-15 所示。

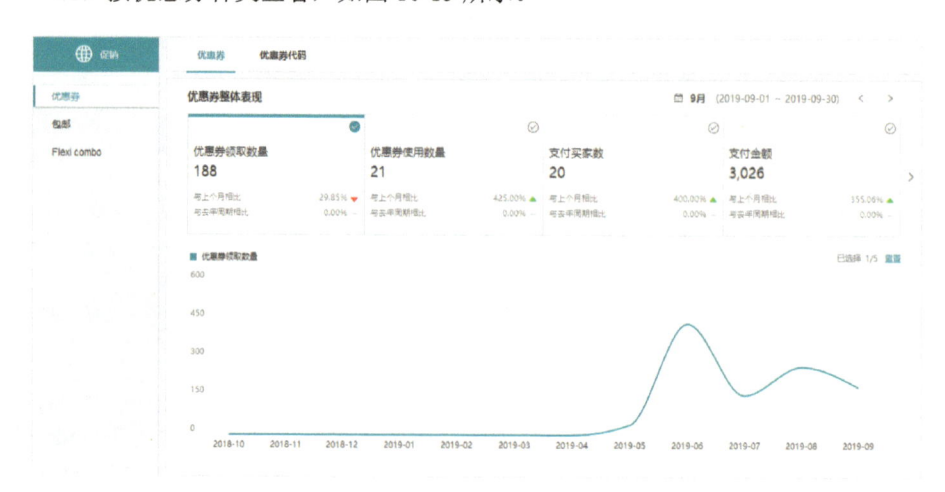

图 10-15　促销页面

（2）右上角选定时间，查看卖家优惠券的总体表现指标（勾选√，每次查看 1 个指标）。光标悬浮在每个指标上方可查看该指标的解释。

- 优惠券领取数量（Voucher Collected）：已被领取的优惠券数量
- 优惠券使用数量（Voucher Redeemed）：已使用优惠券的数量
- 支付买家数（Buyers）：已使用优惠券的客户数
- 用券订单支付金额（Redeemed Revenue）：已使用优惠券的相关销售额
- 折扣金额（Discount Cost）：已使用优惠券的折扣额
- ROI：Return on investment = Redeemed Revenue / Discount Cost = 已使用优惠

券的相关销售额/已使用优惠券的折扣额）

（3）各个优惠券表现（勾选√，每次最多查看5个指标）。

- 优惠券发放数量（Voucher Issued）：优惠券总张数
- 已领取优惠券（Voucher Collected）：已被领取的优惠券数量
- 优惠券的使用数量（Voucher Redeemed）：已使用优惠券的数量
- 领取率（Collected Rate）：已被领取的优惠券数量/优惠券总张数
- 使用率（Redeemed Rate）：已使用优惠券的数量/已被领取的优惠券数量
- 优惠券订单支付金额（Redeemed Revenue）：已使用优惠券的相关销售额
- 折扣金额（Discount Cost）：已使用优惠券的折扣额
- 支付买家数（Buyers）：已使用优惠券的客户数
- ROI：Return on investment = Redeemed Revenue / Discount Cost = 已使用优惠券的相关销售额/已使用优惠券的折扣额

4. 各优惠券名，生效日期

优惠券的设定通常会出现几种情况，一种是优惠券设定门槛过高，例如满减，店铺商品的客单价本身不高，但设计满499元减50元，这样的优惠券即使有人领取了也不会用；第二种是优惠券数量设定过少，在很短的时间内被领取完毕而商家自己并不知道；第三种是优惠券时间设定超时，导致优惠券过期商家自己不知道。以上三种情况是商家在设计优惠券的过程中最为常见的三种错误，请大家重点关注。如图10-16所示是一个优惠券明细示例。

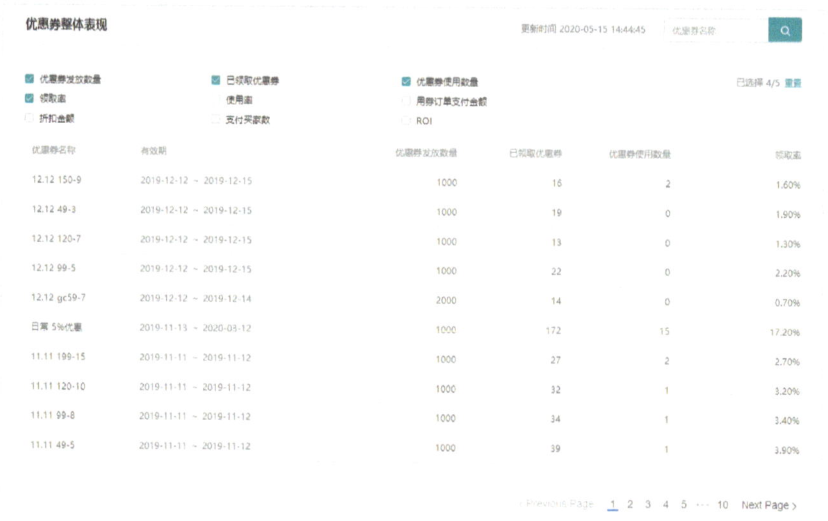

图10-16 优惠券明细示例

包邮（Free Shipping）页面如图10-17所示。

图 10-17　包邮页面

（1）Overall Performance（整体表现），右上角选定时间，查看卖家优惠券的总体表现指标（勾选√，每次最多查看 5 个指标）。

- 支付金额（Revenue）：包邮工具带来的总销售额
- 支付买家数（Buyers）：使用包邮工具下单的总客户数
- ROI: Revenue/Shipping Cost= 销售额 / 卖家承担的包邮金额
- 支付订单数（Orders）：使用包邮的订单数
- 客单价（Revenue per Buyer）：每个客户的消费金额
- 运输成本（Shipping Cost）：卖家承担的包邮金额

（2）促销整体表现（Performance by Promotion）如图 10-18 所示，光标悬浮在每个指标上方可查看该指标的解释（勾选√，每次最多查看 5 个指标）。

图 10-18　促销整体表现

- 支付金额（Revenue）：包邮工具带来的总销售额
- 支付买家数（Buyers）：使用包邮工具下单的总客户数
- 支付订单数（Orders）：使用包邮的订单数

- 运输成本（Shipping Cost）：卖家承担的包邮金额
- 预算（Budget）：包邮金额预算
- 客单价（Revenue per Buyer）：每个客户的消费金额

多件多折（Flexi Combo）如图10-19。促销整体表现如图10-20所示。

图 10-19　多件多折（Flexi Combo）

图 10-20　促销整体表现

（1）Overall Performance（整体表现）。右上角选定时间，查看多件多折的总体表现指标（勾选√，每次最多查看5个指标）。

- 支付金额（Revenue）：多件多折带来的总销售额
- 支付买家数（Buyers）：使用多件多折下单的总客户数
- （ROI: Revenue/Discount Cost= 销售额 / 卖家承担的折扣金额
- 支付订单数（Orders）：使用多件多折的订单数
- 人均支付金额（Revenue per Buyer）：每个客户的消费金额
- 折扣金额（Discount Cost）：卖家承担的多件多折金额
- 购物篮大小（Basket Size）：Units Sold/Orders= 使用多件多折的订单数 / 销售量
- 支付件数（Units Sold）：多件多折的总销售量

（2）Performance by Promotion（促销表现）（勾选 √，每次最多查看 5 个指标）

10.2.5 服务（Service）页面

服务页面如图 10-21 所示。

图 10-21　服务页面

（1）选定时间（在图 10-21 顶部）。
（2）（整体表现）Chat Overview

- 访客数（Visitors）：总访客数
- 客户订单（Customers Enquired）：在 Chat 中向卖家发消息的客户数
- 订单对话数（Received Conversations）：卖家收到的对话数（如果一个客户同一天发送多条消息，则视为一个对话；如果客户在几天内继续向您发送消息，则每天将其视为单独的对话）
- 回复的客户数（Responded Customers）：同一天内卖家回复的客户数
- 回复对话数（Responded Conversations）：同一天内卖家回复的对话数
- 平均回复时长（Response Time）（mins）：同一天内响应客户的平均时间
- 未回复人数（Non-Responded Customers）：同一天内卖家未回复的客户数
- 预计收入损失（Estimated Lost Revenue）：预计损失销售额（因未回复客户）
- 引导买家数（Guided Buyers）：聊天后下单的买家（客户）数
- 引导订单数（Guided Orders）：聊天后下单的订单数
- 引导支付金额（Guided Revenue）：聊天后产生的订单销售额

（3）查看 Chat 总体表现指标（勾选 √，每次最多查看 5 个指标），如图 10-22 所示。

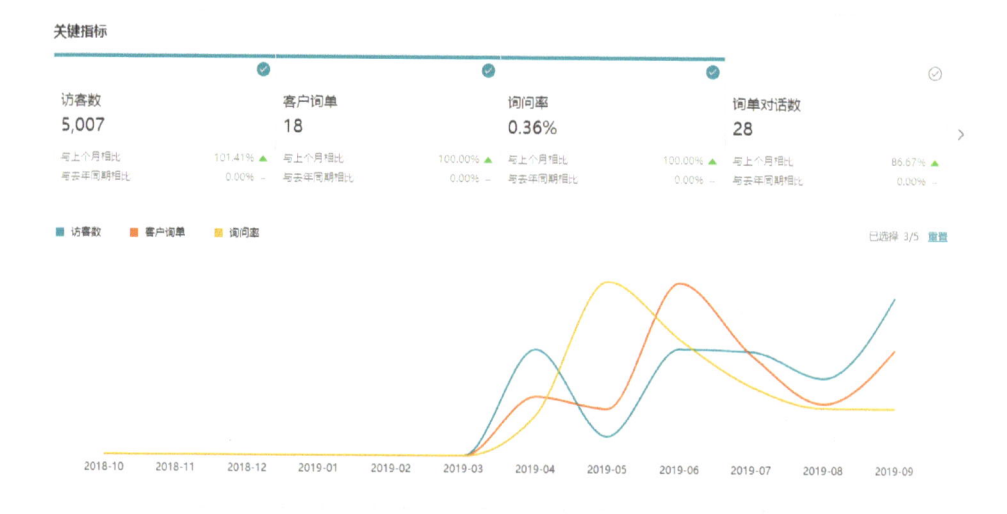

图 10-22 5 个关键指标

（4）各个 Chat 分账户代理排名，如图 10-23 所示。

图 10-23 代理排名

10.2.6　常见问题页面

在常见问题页面可以解决一些常见问题，如需进一步查询请联系客服，如图 10-24 所示。

图 10-24 常见问题页面

10.2.7 手机端后台

手机端后台为卖家提供了极大的便利性，随时随地可以查看和 PC 功能相同的后台数据。以下只做简单展示，不做详解，分别如图 10-25~图 10-28 所示。

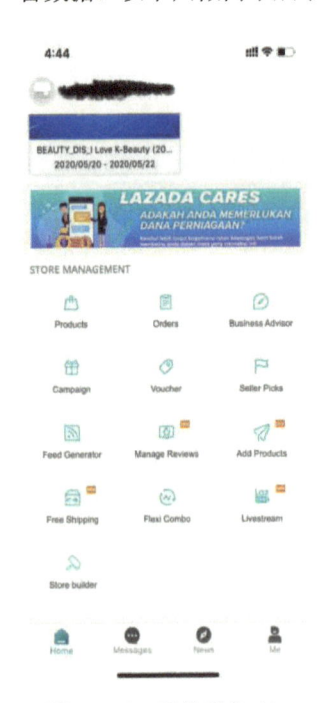

图 10-25 手机后台 1　　　　　图 10-26 手机后台 2

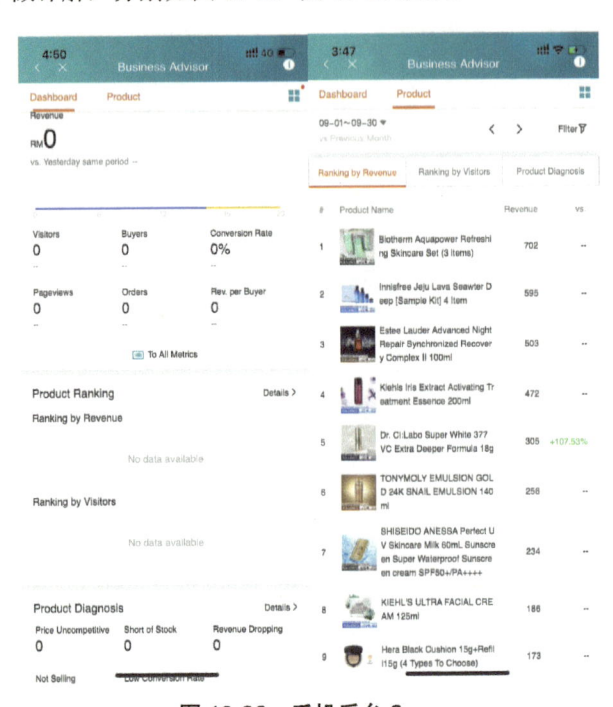

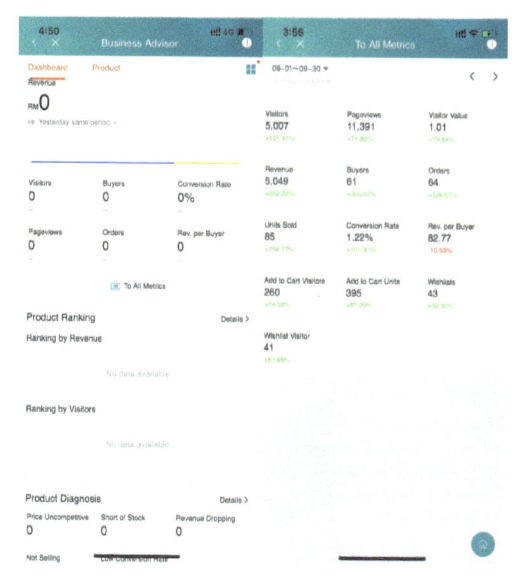

图 10-27　手机后台 3　　　　　　图 10-28　手机后台 4

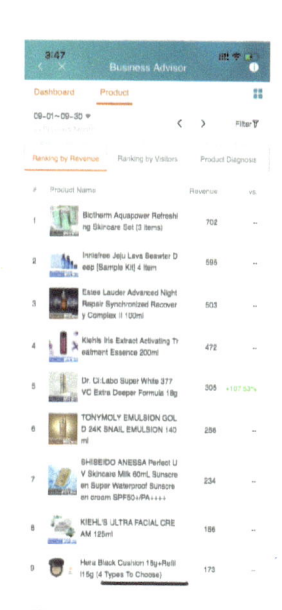

图中部分名词释意如下：
- 数据面板（Dashboard）
- 产品面板（Product）
- 所有指标（To All Metrics）
- 选择时间范围
- 过滤（Filter）（按品类或品牌）
- 按销售额排序（Ranking by Revenue）
- 按访客数排序（Ranking by Visitors）
- 问题诊断（Product Diagnosis）

10.3　数据分析的运用

根据 10.1 节、10.2 节两部分内容大家对 Lazada 的生意参谋有了一定的了解。相信很多商家根据上述内容能够查看并下载数据，但有一部分商家可能不会运用这部分数据。在解读数据的过程中，我们仍然需要使用原始的 Excel 表格来统计和分析数据，并发现和解决问题。有一些运营人员常常抱怨一类问题：我统计了很多表格，但老板认为毫无作用。因为统计和分析是两个动作，一个是操作，一个是思考。下边分享一些常用的数据表格。这些数据表格的终极目标就是吸引和转化更多的客户，让他们买我们的产品，并且留住他们，进行复购。

从生意参谋中我们可以看到，数据主要是从流量、转化、产品、促销、服务等角度提供的，所以我们应当利用表格从这些角度去分析，还要根据计划和落实的效果来填写。根据上述内容，对 Lazada 的现有数据可以做以下步骤的分析。

（1）制订计划表格，表格内容包括年度、季度、月度、周计划等，并考核计划销售额、实际完成额及完成率，如图 10-29 所示。

网店数据日、周、月登记报表														
年度目标			第一周			第二周			第三周			第四周		
季度目标		月合计数/平均数	本周目标		周合计数/平均数	本周目标		周合计数/平均数	本周目标		周合计数/平均数	本周目标		周合计数/平均数
月度目标			实际完成			实际完成			实际完成			实际完成		
月度完成率			完成率			完成率			完成率			完成率		

图 10-29 制订计划表格

（2）紧接着第一步的目标内容，设定细节数据统计，包括落实到责任人。由于篇幅宽度原因，表格设计略小，但足以说明问题，如图 10-30 所示。

预定目标		负责人		1	2	3	4	5	6	7		1	2	3	4	5	6	7		1	2	3	4	5	6	7		1	2	3	4	5	6	7	
销售指标	销售额	运营																																	
	完成率																																		
	销售笔数																																		
	销售件数																																		
流量指标	UV	运营/推广																																	
	完成率																																		
	PV																																		
	收藏店铺数																																		
	浏览占比																																		
	流量价值																																		
转化率指标	店铺转化率	运营																																	
	完成率																																		
	询单转化率	客主																																	
	收藏量	运营																																	
客单价指标	客单价	运营																																	
	完成率																																		
	每笔订单数																																		
	支付率	客主																																	

图 10-30 设定细节数据统计

（3）统计店铺促销工具的使用效果，同样落实到人并跟踪和分析。假设发放 10,000 张优惠券，只有 100 人领取，那就要思考发放的位置是否精准？是否全方位发放？优惠券力度是否吸引人？如图 10-31 所示。

第10章 数据分析

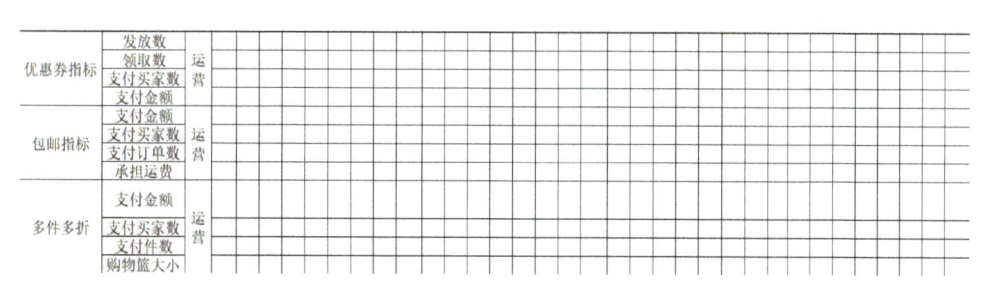

优惠券指标	发放数	运营					
	领取数						
	支付买家数						
	支付金额						
包邮指标	支付金额	运营					
	支付买家数						
	支付订单数						
	承担运费						
多件多折	支付金额	运营					
	支付买家数						
	支付件数						
	购物篮大小						

图 10-31　统计店铺促销工具的使用效果

上述三个步骤是电商领域最常见的表格。前文提过，统计和分析是两个动作，只有统计并不能提供经营指导。不积跬步无以至千里，一定要每日录入，最好在一定时间内绘制各类数据的折线图，这样更容易分析数据的走向和变化。

接下来要看竞品店铺的跟踪。跟踪哪些指标和数据呢？实际上在你锁定目标店铺的同时，对方也把目标锁定到你身上了。我们来看图 10-32，这个表格重点锁定闪购价格和大促价格，这些价格往往是商品零售的触底价。对于竞品数据，涉及的维度越多越好，因为这样可以提供更多的线索去分析。有个别商家甚至跟踪竞争对手的供应链体系，包括产能、供货效率、物流时效等。

竞品数据分析表

日期	竞品数据跟踪表										备注
	负责人	所属店铺	类目	产品名称	链接	图片	浏览量	日常售价	闪购售价	大促售价	好评数	

图 10-32　竞品数据分析表

常用的商家自身店铺的爆款商品跟踪表如图 10-33 所示。

4月爆款商品跟踪

商品名称	链接	星期	星期三	星期四	星期五	星期六	星期日	星期一	星期二
		日期	4月1日	4月2日	4月3日	4月4日	4月5日	4月6日	4月7日
		访客数	0	0	0	0	0	0	0
		成交宝贝数	0	0	0	0	0	0	0
		交易笔数	0	0	0	0	0	0	0
		销售额	0.00	0.00	0.00	0.00	0.00	0.00	0.00
		转化率	0.00%	0.00%	0.00%	0.00%	0.00%	0.00%	0.00%
		搜索UV（PC）							
		搜索UV（手机）	0	0	0	0	0	0	0
		促销工具成交额	0	0	0	0	0	0	0

图 10-33　爆款商品跟踪表

在客服方面，商家尽量使用以下两个表格，一个是客服每日工作情况的统计表格，另一个是老客户维护的表格。虽然不是所有的客户都会配合商家提供一些有效信息，但还是会有一部分客户愿意互动与交流，而这些客户成为忠实粉丝的可能性最大，客服服务和客户关怀表如图 10-34 所示。

客服服务和客户关怀表

表格A：客服工作表（每日更新）

日期		咨询量	成交量	询单转化率	成交额	收集客户基本信息数量	今天最佳的回复技巧	今天最待改进的回复
5月6日	客服A							
5月6日	客服B							
5月7日	客服A							
5月7日	客服B							

表格B：客户基本信息收集表（每日更新）

日期	姓名	ID	手机	生日	年龄	职业	其他分类目特殊属性（如服装类目的尺码、母婴用品的婴儿年龄等）

图 10-34　客服服务和客户关怀表

上述的数据统计是店铺运营的一些日常工具，不同的商家、不同的类目，可以根据这些工具再去拓展自己的思维，增加数据的维度。要经常思考"Why"和"How"。

生意参谋为商家提供了极大的便利和数据参考依据，但想要做到运筹帷幄，还需要配合传统的数据统计和分析。再一次叮嘱商家，数据是经营的核心，是方向盘，也是发动机，不容忽视，分析的维度越多，越容易减少失误。

第11章

LazMall和海外本地仓

11.1 LazMall

11.1.1 为何要进入 LazMall

在任何电商平台出现初期，买卖双方都会存在一定的痛点，就 Lazada 而言，平台上的产品对六个国家来讲会有相当一部分来自进口，所以在商品的品质和服务上就会存在较大差异，也容易被消费者质疑。基于这样的情况，在 Lazada 之后诞生了 LazMall，如同淘宝平台之后上线了天猫。总结买卖双方主要痛点如下。

卖家痛点如下。

（1）商家自身努力研发的商品，不远万里奔赴海外，关键词搜索被展现后发现和其他小品牌或者 OEM 商品没有太大差别，极其容易被价格战伤害。

（2）产品有品牌、有背景、有故事，但不容易被发现和解读，很难建立品牌形象和影响力。

（3）大品牌和新品牌最初上线需要更多流量支持，但往往和其他店铺一样，得不到更多的展现。

买家痛点如下。

（1）我买的是真货吗？质量没问题吧？

（2）我想买 ×× 品牌，怎么搜出来几百个产品，价格差异还那么大？

（3）买了一件商品半个月才收到货？

（4）好产品价格贵，万一不满意怎么办？

总结下来其实就是作为消费者，更愿意去大型的百货商场买品牌商品，而不是去夜市或者路边摊买。比如，消费者为了买真的 LV 品牌包，是不会去夜市购买的。那么，任何人都可以开设 LazMall 吗？也不是，前提是要满足三个条件。

（1）国内或者国际知名品牌；

（2）原本就是优质的线上品牌；

（3）有授权的品牌经销商。

11.1.2 LazMall 需要什么保证

如果已经开设了 LazMall，商家需要做到一定的保证。品牌方或者被品牌授权的经销商，不仅需要商品过硬，更需要向消费者提供平台特有的服务支持，才能得到转化率的保障。具体保证如表 11-1 所示。

表 11-1　LazMall 商家需要做到的保证

保证	解读
100% 正品	客户完全信任所购买的商品是高品质的正品
	商家必须保证 100% 的商品都是正品
	只要有一个被确认的非正品案例，品牌商家将会被移出 LazMall
	如有必要，商家必须提供与品牌方签署的品牌经销合同
15 天无条件退货	客户在无条件退货的政策下更可能完成购物
	客户在收到商品 15 天内可以提出无条件退货要求
	所有退货由 Lazada 物流处理，如果是 FBL，Lazada 将会进行回收
7 天到货	客户会优先挑选快速到货的商品
	可以把商品放进 FBL 并让 Lazada 来包装

一些详细的解读如图 11-1 所示。

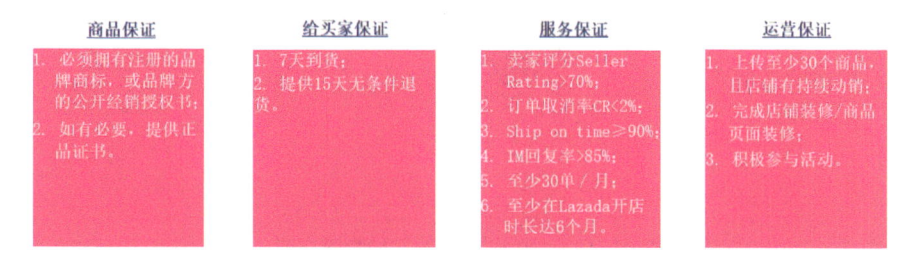

商品保证
1. 必须拥有注册的品牌商标，或品牌方的公开经销授权书；
2. 如有必要，提供正品证书。

给买家保证
1. 7 天到货；
2. 提供 15 天无条件退货。

服务保证
1. 卖家评分 Seller Rating>70%；
2. 订单取消率 CR<2%；
3. Ship on time≥90%；
4. IM 回复率≥85%；
5. 至少 30 单/月；
6. 至少在 Lazada 开店时长达 6 个月。

运营保证
1. 上传至少 30 个商品，且店铺有持续动销；
2. 完成店铺装修/商品页面装修；
3. 积极参与活动。

图 11-1　4 类保证解读

11.1.3　LazMall 商家优势

解决掉了买家痛点，有了正品和服务保障，商家需要思考在 LazMall 上经营的痛点。在这里给大家列出 LazMall 对于商家来说的优势。

（1）所有商品将享有 LazMall 的标识，这让消费者更加容易在搜索页面辨别出店铺的性质；

（2）在品牌频道页面商品享有露出权力；

（3）享有在主页面更高的曝光率及更高的搜索排名，意味着平台给予流量扶持；

（4）独享"LazMall campaigns and Mega Campaign barter program"的权益；

（5）有六个"Seller Picks"橱窗可以推荐给 LazMall 商家；

（6）独享的营销解决方案，例如专属的大促活动、超级品牌日等。

LazMall 同时也提供给商家额外的价值与服务。

（1）Lazada 在市区内为 LazMall 客户提供提取和退货的服务；
（2）Lazada 将利用专属仓库为商家处理退货；
（3）Lazada 有专属的客服团队针对 LazMall 客户提供最优质的服务。

11.2　海外本地仓

电商的物流服务在整个电商业务当中充当着极为重要的角色，占据消费者整个购物体验过程中相当大的比重，物流的快与慢、收到包裹的完整度、售后退货的便捷性等都影响着消费者对店铺的整体印象，进而影响消费者在店铺的留存。

目前，Lazada 主要有三种物流方式，如图 11-2 所示。

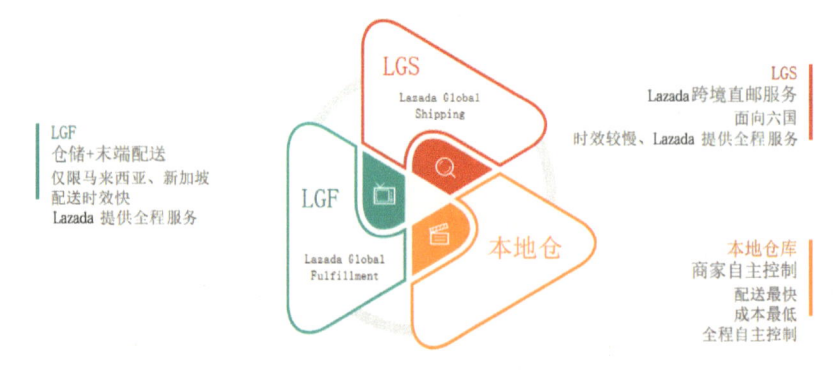

图 11-2　Lazada 主要的三种物流方式

三种不同的物流模式流程及"互相对比"的运费如图 11-3 所示。

图 11-3　物流模式对比

目前，绝大部分国内跨境卖家采用的仍然是 LGS 物流，一部分有爆款且符合类目要求的商家采用了 LGF 物流，极少数商家实现了本地仓物流。但为了提升购物体验，更多的商家把实现本地仓物流作为经营的一个目标。以一包湿巾为例，通常在

第11章 LazMall和海外本地仓

Lazada 搜索湿巾这个关键词的时候，在搜索结果中往往没有跨境卖家，原因是什么？湿巾这种商品，属于快消品、刚需品，为何跨境商家不做？并不是没有利润，而是在价格竞争之下，运费大于商品零售价就没有办法实现销售，这是大家的痛点。在此我们做一个价格比对（LGS 物流和 LGF 物流的价格会有浮动，图 11-3 仅作为参考），以一包 0.5kg 的湿巾为例，假设零售价格为 10 元，如图 11-3 所示。

LGS物流

	0.5kg	2kg
马来西亚	12.3	27.3
新加坡	26.2	57.5
泰国	21.8	87
印度尼西亚	22.5	84
越南	12.5	50.1
菲律宾	40.1	145.8

LGF物流

	0.5kg	2kg
马来西亚	10.96	13.8
新加坡	33.7	64.95

本地仓物流

	0.5kg	2kg
马来西亚	5	8
新加坡	5	8
泰国	3	8
印度尼西亚	5	8
越南	5	8
菲律宾	5	8

类似国内快递价格可谈

图 11-3　运费对比

是不是清晰可见？这就是一部分商家为什么要实现海外仓的原因。另外，从中国发货到东盟国家，不但可以退税，到了落地港口更可以通过 FORM E 实现 0 关税。这样其实也是在降低商品的成本，但这部分内容就不在这本书里进行详解。

在物流选择过程中，最终商家的流程往往是 LGS → LGF → 海外本地仓，但这个过程需要面临六国本地的管理、业务标准、ERP 等方面的问题。编者希望商家可以按部就班，在成熟的时期做成熟的事情，也希望所有的商家都能够在 Lazada 平台排除万难，实现自己电商的梦想，开拓一片海外的天地！

第12章
站外推广营销

12.1 如何通过Facebook找到精准优质流量

12.1.1 为什么要通过 Facebook 引流

1．Lazada 站内竞争激烈

（1）经过 Lazada 招商团队的大力招商，平台上的卖家越来越多。每个卖家从平台方获得的流量相对来说变得越来越少，流量竞争越来越激烈。

（2）平台政策日益收紧，在大量卖家涌入的时代，平台为了保证良好的买家体验，必然也会加强对卖家的管理，卖家们必须对平台给予高度重视并遵守相应的规则。

（3）对于某些类目的产品而言，即便做好了所有站内的推广工作，总订单量可能还是不尽如人意。在这种情况下，如果仍旧将推广工作局限于平台站内，就是不合理的。

2．Lazada 站外契机来临

（1）目前，绝大多数 Lazada 卖家在站外推广方面投入越来越多的精力。无论是已经在站外博得头筹的大卖家 Anker，还是正在发展中的各大中小卖家，乃至各大电商培训公司都开始积极筹备站外推广板块，整个推广工作和相应的服务在不断完善，营销也在不断地走向成熟。

（2）相对于政策严厉的平台，站外充满着自由气息，卖家既可以获得客户更详细的资料，也省去了平台方收取的月租和佣金，更利于打造品牌效应。从搜索引擎、社交平台、促销网站到如今大火的"网红"，推广渠道和营销方式也更多样化，卖家有了更多的操作空间去做推广工作。

（3）品牌的官方网站建设非常重要。形成自己的品牌影响力是一个长期发展的过程。而多渠道推广品牌也是如今大环境下的必然选择。

12.1.2 Facebook 站外地位

截至本节定稿时，笔者查到的最新权威数据如下。

（1）2020 年 Facebook 每月活跃用户数超 23 亿人，这意味着地球上约 30% 的人在使用 Facebook。

（2）Facebook 市值超过 5000 亿美元。

（3）Facebook 旗下的 Whats App、Messenger 和 Instagram 都是社交领域的佼佼者。

（4）美国用户每使用移动工具 5 分钟，就有 1 分钟花在 Facebook 或 Instagram 上。

（5）Facebook 是全球最大的社交网站，易操作，能推广独立站、第三方店铺和 App，可以对离开的老客户进行再次营销，并用分析出来的数据更精准地锁定潜在用户。

12.1.3　Facebook 如何与 Lazada 完美结合

1．守住平台的社交性

Lazada 是一个电商平台，Facebook 属于社交平台，因此 Lazada 的客户精准率远远高于 Facebook。Facebook 是一个强品牌、重社交的圈子，可以做"客户运营"，虽然转化率没有 Lazada 那么高，但是长期发展下来的稳定客户却是切切实实掌握在品牌方手里的。

为了迎合 Facebook 的社交属性，也为了保证消费者和品牌方的互动体验，卖家在运营社交平台的时候，应考虑社交平台客户对广告的接受度和接收方式，采取适合社交渠道的营销方式，在不影响客户社交需求的前提下适度营销。

2．了解 Facebook 对卖家的作用

Facebook 账号在长期积累粉丝之后，可以建立粉丝的品牌意识，与粉丝进行互动。卖家有了固定的粉丝群，可以在了解和分析粉丝的行为后再进行产品的推广。这期间可以重点积累目标市场的粉丝群体。Facebook 本身提供了强大的数据库可以让卖家对粉丝进行精确定位，了解粉丝的偏好以便更好地指导品牌和产品的发展方向。卖家可以利用 Facebook 本身就具有的圈子功能（群组、主页、App、"网红"、便签）联动其他社交软件进行推广。

3．将社交流量导入 Lazada 店铺

将社交流量导入 Lazada 或者其他电商平台的店铺里，要有一定的操作技巧。目前来看，下面两个操作方法是现阶段比较合理的。

第一个方法是根据 Lazada 联盟，将在联盟获取的产品推广链接放到 Facebook 内，既可以抽取 Lazada 联盟的佣金，也可以提高 Lazada 产品的排名和优化。第二个方法是把自建站或者官网当作流量的过滤网，将站外推广的流量导入自建站，让客户可以选择在自建站内购买，或者选择通过第三方平台（如 Lazada 平台）购买。这样既可以过滤垃圾流量，又可以获得更多的客户行为数据。

4．再营销

除了将流量导入 Lazada 之外，卖家也可以通过 Facebook 广告数据和 Lazada 流量数据进行分析，从而获得精准的客户数据。在 Facebook 广告中使用自定义受众工具，将一些只浏览未购买或者已购买未重复购买的群体进行分类营销。

12.2 吸引客户的Facebook广告应该怎么做

12.2.1 初始化

在玩转 Facebook 广告之前，卖家有必要知道以下两点。

（1）广告的前提必然是"产品为王"，不然巧妇也难为无米之炊。

（2）广告不是立即见效的，需要长期的耐心和积累。

12.2.2 入门级

（1）了解政策。阅读 Facebook 广告政策，一定要认真、反复研读里面的每一个字，每一句话。如果是 Facebook 广告政策的原因导致账号关闭的，将账号拿回来的可能性几乎为零。

（2）广告账号实名制。广告账号所属的个人账户必须实名，一旦需要审核，只要能提供清晰证件就很容易解封，证件中护照优于身份证。此条例建立在第一条的基础上。

（3）硬件设备。持有人、登录 IP、账号所有人三者一致，IP 不要轻易改变。

（4）广告费用。卖家可以创建广告，也可通过第三方代理注册企业广告账户，按需支付广告费即可。在一般情况下，个人账户的安全系数不高，如果出现问题，很难通过申诉拿回来，因此建议尽量选择官方代理来注册。如果出了问题，官方代理会协助将账号找回，成功率要远远大于个人注册的账户。这种方式省时省力，专业度也高。

（5）基础功能正常操作。卖家创建账户以后要对账号进行日常的维护和经营，不能将账号长期闲置，也不宜对新账号做过于集中的操作。

12.2.3 基本功

1. 分析广告类型

广告目标基本分为三个：推广主页、获取更多访客、获取更多关注，如图 12-1 所示。

1) Promote Your Page（推广主页或者推广品牌）

通过推广 Facebook 的主页和品牌，让品牌和主页可以覆盖到更多的人群，提高知名度。

2) Get More Website Visitors（获取更多访客）

这个板块是 Facebook 广告的核心，同时也是平台建议的投放方向。它主要针对产品的特点、精准的目标人群、对产品有强烈需求的人群，提供精准的投放，从而获取更多的访客和曝光量。

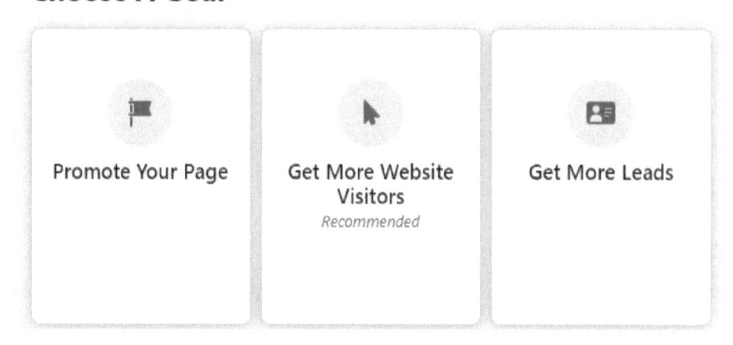

图 12-1　广告三大板块

3）Get More Leads（获取更多关注）

吸引感兴趣的客户购买或使用自己的商品和服务，具体包括转化量、商品目录促销、店铺访问量，从而引导客户关注 Facebook 主页用来提升更多的知名度。

2. 选定广告目标

1）以提升品牌和业务知名度为目标

如果是提升品牌和业务知名度，并且告知潜在消费者该业务价值，有以下几个维度来选择。

（1）覆盖人数（覆盖业务周边的人群）：向门店附近或周边的人群展示广告或者目标人群。

（2）参与度：快速地推广主页和帖子，利用广告尽可能面对更多的客户来推广产品，并提高客户参与度，同时也能提升品牌知名度和粉丝的黏性。

2）以发掘潜在客户为目标

如果卖家需要找到潜在客户进行商品销售，可以选择的广告目标如下。

（1）转化量：创建广告，吸引用户访问企业网站，从而提升产品的转化率。

（2）潜在客户开发（为业务开发潜在客户）：创建广告以收集客户信息，主要是通过用户留下的电子邮箱进行二次营销和定向推广。

（3）参与度（增加活动参与人数）：创建广告以推广活动，参与度越高，广告的分数越高，Facebook 推广的意愿越强。

（4）消息互动量（与潜在客户交流）：创建广告，吸引客户展开交流，通过交流提升转化率同时也吸引更多的粉丝。

3）更好地追踪消费人群然后制定目标

如果卖家已经找到客户，维护老客户就是非常重要的运营手段，可以选择下列广告目标。

（1）参与度（吸引客户领取优惠）：创建广告，为客户提供优惠券，提升客户黏性和引发社交裂变。

（2）应用安装量（增加应用安装量）：吸引客户安装移动应用，但作为电商卖家，一般用处不大。

（3）转化量（提高应用使用量）：吸引现有应用客户与客户互动，引导客户到主页浏览或者购买产品。

3．选定广告目标

广告创建可以在广告管理工具或 Power Editor 中完成。以前者为例，广告创建可以通过路径"账号→创建广告"（个人首页右上角）实现。

4．如何做好 Facebook 广告

如何让 Facebook 广告产生更好的效果？笔者给大家提供几条可实际执行的操作建议。

（1）加入 Facebook 广告像素（短链接），跟踪客户行为，通过短链接获得精确用户数据。利用数据帮助卖家更好地理解和了解自己的客户，以便更好地分析和满足客户的需求。

（2）利用广告数据和受众分析，获得"自定义受众"数据，并进行二次分析，再进行广告营销。也就是说，每一次投放广告都不是一次性的，投放广告之后获得数据报告才是最终目的，它可以作为后续广告精确投放的基础。卖家应强化数据分析工作，用数据持久性地指导广告投放工作。

（3）适用商务管理平台，商务管理平台是一款免费的 Facebook 工具，用于组织和管理企业。当企业拥有一支营销队伍，管理多个 Facebook、资产、使用供应商、需要控制访问限制和操作权限、需要接入他们账号时，推荐使用商务管理平台。它可以方便卖家进行多账号、多人员、多资源的管理工作。

（4）注册时请勿输入个人电子邮箱账号，要将个人账号与工作账号分开，尽量多几个人共同管理广告账号，以防账号出现安全问题。

（5）广告内容需要保持创意，让客户有点击进去的欲望。卖家可以根据季节元素、节日元素、不同的人群设置不同的广告内容。

（6）联动其他 SNS、"网红"、SEO、Email 乃至 Facebook 本身具有的群组功能、主页功能等。以国内的一个事件为例："双 11"来临时，手机的各大 App 都展示着"双 11"的广告，甚至电脑的 QQ 程序、浏览器以及资讯框也都是"双 11"的广告，

连打开聊天软件时，人们言语间都是天猫的"火炬红包"。虽然这样的"霸屏"不是每个企业都能做到的，但是他们的广告手段反映出来的多渠道联动，是跨境电商应该学习的。

（7）必要时刻，使用官方代理广告。虽然优化还是卖家自己做，操作也要自己来，但是安全性相对来说更有保障，专业性也更强一些。

12.3 为什么要通过YouTube引流

1．YouTube的带货能力强大

YouTube是全球最大的视频网站，活跃用户数量超过10亿人，同时也是全球互联网用户满意度评价较高的社交平台。YouTube的"开箱视频"强大到许多海外买家在购买产品之前都会查看，看完后再进行购买产品。

2．YouTube推广有什么优势

1）引入外部流量，提升SEO排名

YouTube作为谷歌旗下产品，与其他网站相比，在同一关键词下，YouTube链接更容易出现在首页，因此YouTube推广对于SEO是有很大帮助的。

2）直观展示产品

YouTube作为视频软件，拥有一般视频软件的好处：直观地展示产品的每个细节。而YouTube作为全球最大的视频网站，将产品真实地展示在客户面前，就可以减少客户的疑虑，从而促进订单转化。

3）买家推荐效应

所谓买家推荐效应，就是YouTube视频中的人是拍客或者是我们的真实买家，他们向其他买家介绍购物心得及体验。以买家的身份进行推荐更容易赢得其他潜在买家的信任。

4）传播速度快

YouTube视频的传播速度非常快，主要通过以下几种方式传播：点赞、评论、分享等。如果我们的YouTube视频被A某点赞，那A某的所有粉丝都可以看到他的动态，评论和分享视频也有如此功能。一个视频，如果收到的赞、评论和分享多，这个视频便可以在YouTube上快速传播。

5）效果持续时间长

YouTube和其他社交软件推广方式相比，效果持续时间长。以Facebook为例，在我们发帖子后的一小段时间推广效果比较明显，但很快就会被其他信息覆盖。虽然YouTube在经过一段时间后也会被其他信息覆盖，但通过一定的机制可以保证视

频再次曝光。这两种机制都不是按时间排序的，也就是说，几年前的视频也可能被搜出来，因此 YouTube 视频推广时间是非常长的。

12.4 如何利用YouTube引流

12.4.1 为你的业务创建 YouTube 频道

1. 创建新频道

（1）打开 YouTube，使用谷歌账号登录 YouTube。

（2）访问 YouTube Channel Switcher 以管理和创建新频道，如图 12-2 所示。

图 12-2　进入频道创建页面

（3）点击"Creat a new channel"（创建新频道）按钮，系统将转到创建品牌频道页面，卖家输入品牌名，就可以创建频道，如图 12-3 所示。

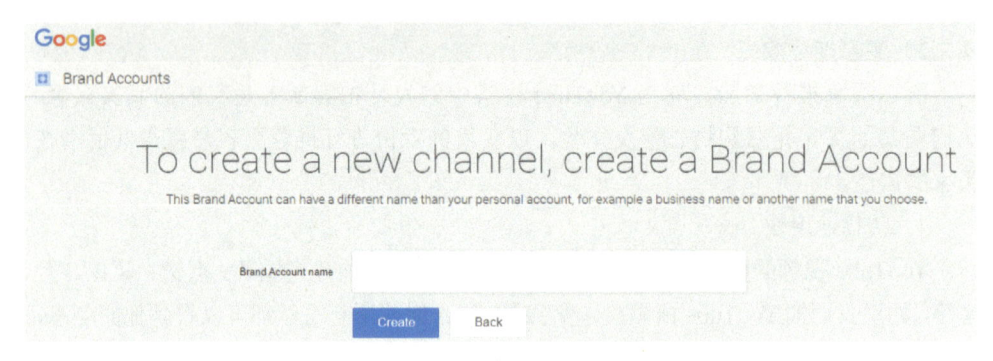

图 12-3　"创建新频道"页面

2. 优化频道

（1）请点击打开我创建的频道，然后点击频道图标旁边的"CUSTOMIZE CHANNEL"（自定义频道）按钮，如图 12-4 所示。

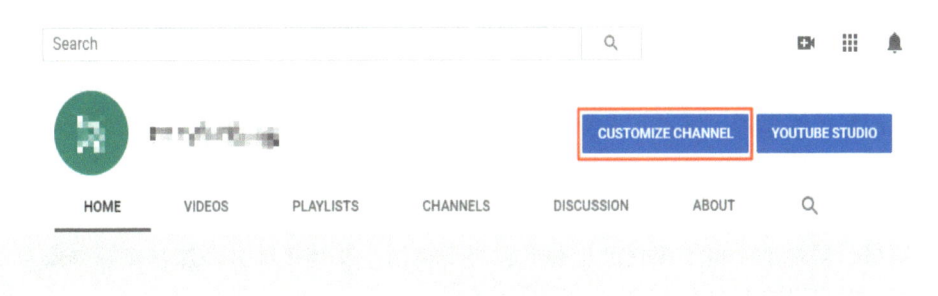

图 12-4 "自定义频道"页面

（2）解锁更多频道选项。单击右侧齿轮"设置"图标，将会弹出"Channel Settings"（频道设置）页面，点击"Customize the layout of your channel"（自定义频道布局）选项可解锁更多频道选项，如图 12-5 所示。

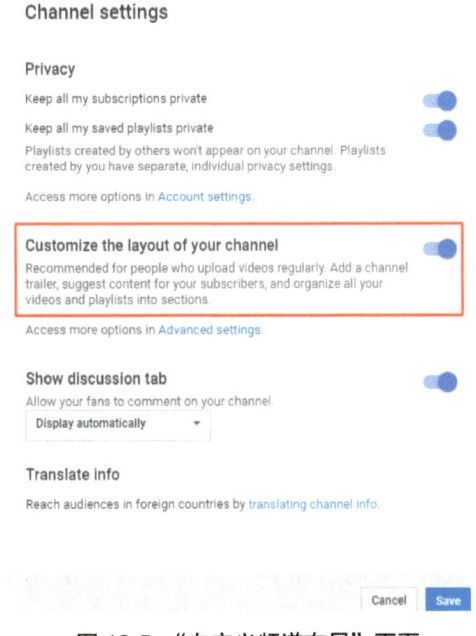

图 12-5 "自定义频道布局"页面

3．通过创建优质 YouTube 频道，提高品牌认知度

1）频道图标

在默认情况下，频道图标会链接到个人资料，因此请根据品牌进行更改（品牌 LOGO、个人资料等）。

2）视频图片

与频道图标类似，视频可以上传相关图片以展示品牌个性。不过要记住，请务必遵循 YouTube 建议的尺寸，宽高比为 16：9 的视频分辨率至少为 1280px×720px，宽高比为 4：3 的视频分辨率至少为 640px×480px，这样才能在所有设备上获得最佳的展示效果。

3）关于标签

在描述部分，卖家可以插入品牌的价值观以及品牌优势。在详细信息部分可以填写公司地址、电子邮件地址和商业咨询电话。在链接部分添加社交媒体账号，同时不要忘记放上 Lazada 店铺的链接。

12.4.2 通过优化 YouTube SEO 为店铺带来流量

1．视频标题最优化

YouTube 视频的标题有 100 个字符，但呈现在搜索结果中会缩减为 70 个字符，所以在标题开头就要使用精准关键词来提升排名。

2．视频描述信息化

通过视频描述，YouTube 和 Google 可以了解你的视频背景来提升排名，并且会提高其出现在推荐视频栏中的概率。你可以充分利用 5000 个字符，尽可能包含更多的信息，并在前 30 个单词体现主要关键词，切记不要堆积关键词。

3．确定精准关键词

（1）对 Lazada 广告和产品详情提前进行关键词研究，并在视频文件名、视频标题、视频说明和后台关键词标签中包含这些主要关键词。

（2）你也可以使用 YouTube 上热门视频的标签。卖家可以使用 Chrome 插件 vidIQ。安装完成后，你只需点击视频就可查看视频标签。

4．YouTube 视频链接

（1）使用关联到 YouTube 的长链接，而不是较短版本来避免链接重定向。YouTube 会自动隐藏太长的链接，所以不要担心影响美观。

（2）在视频详情里的 YouTube 链接引用其他有价值的视频时，YouTube 算法会奖励你，因为你让观众继续留在 YouTube 查看其他视频。

5．YouTube 案例分享

一个 18 岁的红人是怎么做到拥有 30 万次观看量，1 万多次点赞量的呢？

首先，用精准的关键词吸引感兴趣的人点击，如这个视频表明这个商品能在 Lazada 平台上购买，并通过标题表明了红人的这个视频内容是测评女士背包、衣服、柔光箱，如图 12-6 所示。这也提示 Lazada 卖家，精确定位产品的客户群体，寻找客户群体会感兴趣的 YouTube 红人进行推广效果更好。

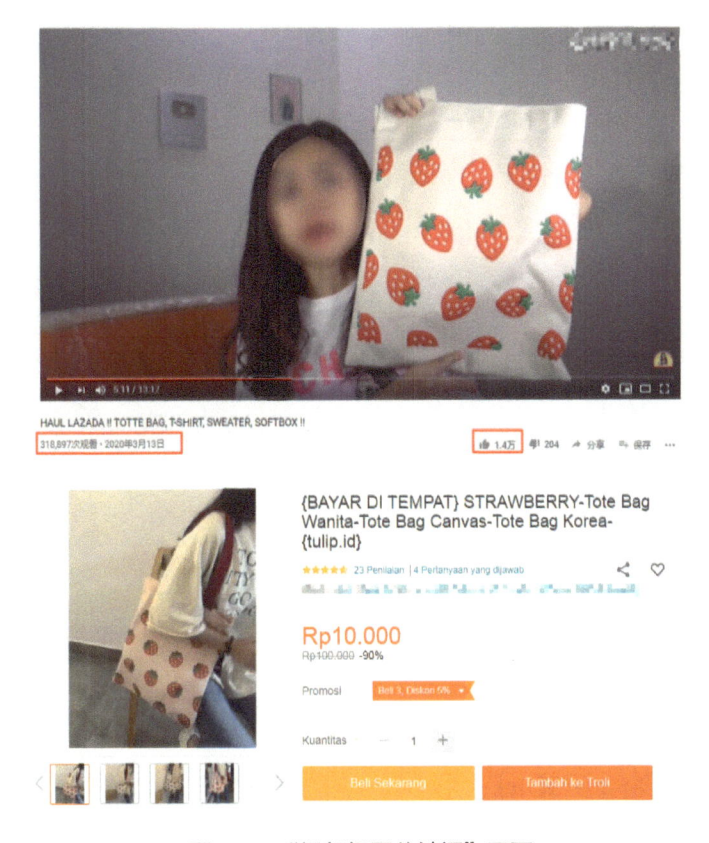

图 12-6 "视频标题关键词"页面

其次，通过视频详情里的 Lazada 链接引导浏览者到产品页面观看，从而实现转化，如图 12-7 所示。

通过视频详情里的社交媒体链接引导浏览者到其他社交平台浏览，从而提升个人知名度或者品牌知名度。"YouTube 链接"页面如图 12-8 所示。

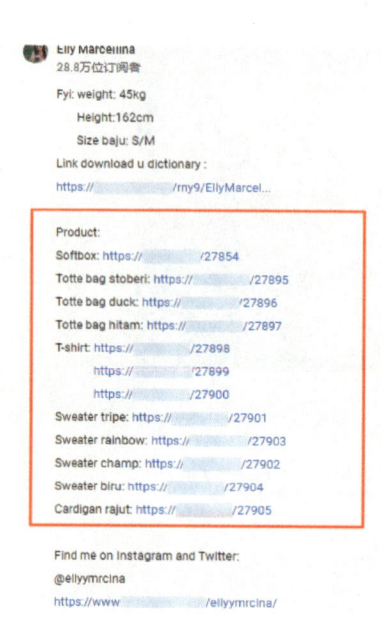

图 12-7 "YouTube 链接"页面 1　　　　　图 12-8 "YouTube 链接"页面 2

12.5　如何找业内YouTube红人

在 YouTube 搜索关键词或者寻找竞争对手的 reviewer，然后在打开与产品相关的一个频道主的页面后，从简历中可以找到红人的邮箱。若找不到邮箱，则可以在社交平台联系红人或者用站内信联系。

YouTube 红人有不同的产品偏向，所以需要找到合适的 YouTube 红人。根据红人粉丝数量的大小，红人可大致分为超红（>100 万人）、大红（10 万~100 万人）、中等（1 万~10 万人）、微红（<1 万人）四类。粉丝数量越小的红人，越愿意回复商家的合作邮件，因为他们获得商务合作邀请的机会相对来说较少，所以他们在跟商家合作的时候，回复率和合作程度相对较高，相对较快。当然，最快速的方式是用第三方平台 BrandBacker、Influenster、Scrunch、Hyprbrands、IZEA 等，这些平台的很多红人都是靠测评挣钱的，资源相对丰富，当然平台也会相应地收取佣金。

如果你找到合适的 YouTube 红人，在合作前建议写好写信模板，放上产品图片和链接，初步询问他是否感兴趣，若愿意合作就提供免费产品给 YouTube 红人。这里建议使用 MailChimp 发邮件，它不仅有漂亮的模板，还可以放图片、视频、Call to action 的按钮。最重要的是，它还能追踪红人查阅邮件的情况。如果红人根本没有看邮件，你可以通过其他社交软件与他联系。在取得联系后，可以简单表述你的产品目标群体，对视频拍摄的一些可行要求，提供产品链接、标题、描述和标签，并引导他发寄件地址给你。

在视频出来后保持对红人的关注，并和红人交流意见。务必定期留意视频的浏览量和粉丝评论，尽可能与优质的红人保持联系和合作。

新电商精英系列丛书累计销量突破100万册
两次荣获电子工业出版社最佳品牌奖

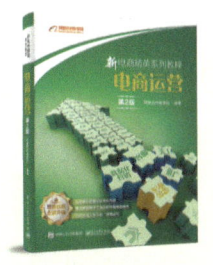

电商图书
旗舰品牌

经典教程
全新升级

电商运营（第2版）
ISBN 978-7-121-36618-5

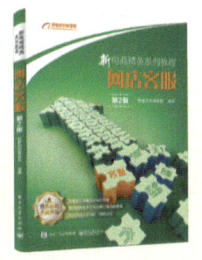

网店客服（第2版）
ISBN 978-7-121-36633-8

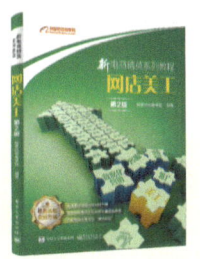

网店美工（第2版）
ISBN 978-7-121-36616-1

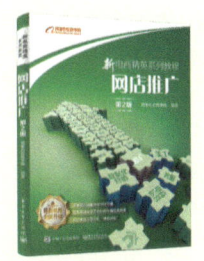

网店推广（第2版）
ISBN 978-7-121-36617-8

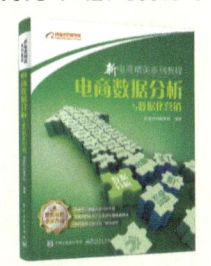

电商数据分析与数据化营销
ISBN 978-7-121-36613-0

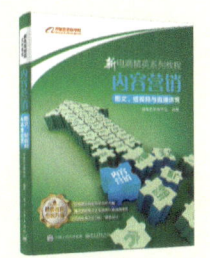

内容营销：
图文、短视频与直播运营
ISBN 978-7-121-36614-7

跨境电商运营实务：
跨境营销、物流与多平台实践
ISBN 978-7-121-36615-4

国内电商运营、美工、客服书籍的**新起点**！
淘宝大学电子商务人才能力实训（CETC系列）

全彩
印刷

《网店运营、美工视觉、客服（入门版）》
ISBN: 978-7-121-32632-5

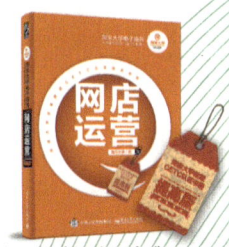

《网店运营（提高版）》
ISBN 978-7-121-32633-2

《网店美工视觉与客服（提高版）》
ISBN 978-7-121-32900-5

淘宝官方首套内容电商运营系列丛书！
快抓住中国电商第三次浪潮！

电子工业出版社咨询或投稿，
请联系010-88254045，
邮箱：zhanghong@phei.com.cn

在哪儿可以买到这些书？
线下书店、当当、京东、亚马逊、天猫网店均可购买。

电子工业出版社优秀跨境电商图书

阿里巴巴官方跨境电商系列

跨境电商物流 阿里巴巴速卖通宝典
书号：978-7-121-27562-3
定价：49.00元
配有PPT

跨境电商客服 阿里巴巴速卖通宝典
书号：978-7-121-27620-0
定价：55.00元
配有PPT

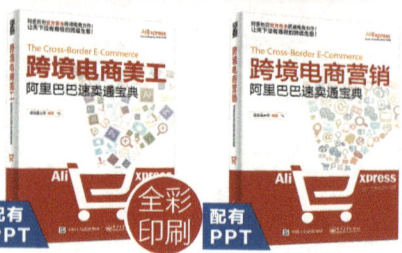

跨境电商美工 阿里巴巴速卖通宝典
书号：978-7-121-27679-8
定价：69.00元
全彩印刷
配有PPT

跨境电商营销 阿里巴巴速卖通宝典
书号：978-7-121-27678-1
定价：78.00元
配有PPT

跨境电商数据化管理 阿里巴巴速卖通宝典
书号：978-7-121-27677-4
定价：49.00元
配有PPT

跨境电商SNS营销与商机 阿里巴巴速卖通宝典
书号：ISBN 978-7-121-32584-7
定价：89.80元
配有PPT

跨境电商运营与管理 阿里巴巴速卖通宝典
书号：ISBN 978-7-121-32582-3
定价：59.00元
配有PPT

跨境电商视觉呈现 阿里巴巴速卖通宝典
书号：ISBN 978-7-121-32583-0
定价：59.00元
全彩印刷
配有PPT

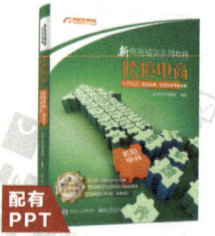

跨境电商
书号：ISBN 978-7-121-36615-4
定价：79.00元
配有PPT

跨境电商图书兄弟篇

跨境电商运营从基础到实践
ISBN 978-7-121-39147-7
定价：69.00元
出版日期：2020年6月
柯丽敏 等著
主要内容：以跨境电商的业务流程为主体框架，结合跨境电商案例，系统全面地介绍了跨境电商的理论与实际操作。
跨境电商名师力作。
从基础到实践，跨境电商精英之路。
配有PPT

跨境电商多平台运营（第3版）：实战基础
ISBN 978-7-121-38644-2
定价：79.00元
出版日期：2020年4月
易传识网络科技 主编 丁晖 等编著
主要内容：第3版对全书的内容和目录做了重新编排，力求结构分明、兼顾跨境电商新手和老手的需要。
畅销教程全新升级，兼顾跨境电商从业者与院校学员，提供PPT支持。
配有PPT

跨境电商——阿里巴巴速卖通宝典（第2版）
ISBN 978-7-121-26388-0
定价：79.00元
出版日期：2015年7月
速卖通大学 编著
主要内容：阿里巴巴速卖通运营。
阿里巴巴官方跨境电商B2C权威力作！
第2版全新升级！持续热销！

亚马逊跨境电商运营宝典
ISBN 978-7-121-34285-1
定价：69.00元
出版日期：2018年6月
老魏 著
作者拥有12年外贸和跨境电商从业经历，助你系统解决亚马逊运营痛点。

阿里巴巴国际站"百城千校·百万英才"跨境电商人才认证配套教程

教程与PPT咨询，请致电编辑：010-88254045

从0开始 跨境电商实训 教程
阿里巴巴（中国）网络技术有限公司 编著
ISBN 978-7-121-28729-9
适用于一切需要"从零开始"的跨境电商企业从业人员和院校学员。
配有PPT

跨境电商B2B 立体化实战教程
阿里巴巴（中国）网络技术有限公司
浙江商业职业技术学院 编著
ISBN 978-7-121-35828-9
图书+PPT课件+在线视频学习资源+跨境电子商务师认证
配有PPT